A cozinha futurista

A cozinha futurista

F. T. Marinetti e Fillìa

Introdução, tradução e notas:
Maria Lúcia Mancinelli

Revisão da tradução: Francisco Degami

Coleção Estudos Italianos
Teses e dissertações

Copyright© 2009 Alameda Casa Editorial

Edição: Joana Monteleone
Editora assistente e projeto gráfico: Marília Chaves
Assistente de produção: Fernanda Pedroni Portijo
Tradução, introdução e notas: Maria Lucia Mancinelli
Revisão: Gabriela Ghetti de Freitas
Revisão técnica: Francisco Degani
Revisão da tradução e traduções adicionais: Francisco Degani
Capa: Pedro Henrique de Oliveira
Imagem da capa: desenho da edição original de Filippo Tommaso Marinetti e Fillìa

Dados Internacionais de Catalogação na Publicação (CIP)
(Sindicato Nacional dos Editores de Livros, RJ, Brasil)

M289c

Marinetti, Filippo Tommaso, 1876-1944
  A cozinha futurista / F. T. Marinetti e Fillìa ; introdução, tradução e notas Maria Lúcia Mancinelli. - São Paulo : Alameda, 2009.
  278p. - (Estudos italianos. Teses e dissretações)

  Inclui bibliografia
  ISBN 978-85-7939-014-2

  1. Culinária italiana. 2. Futurismo (Arte). 3. Gastronomia. I. Fillía, 1904-1936. II. Título. III. Série.

09-5323.   CDD: 641.5945
                    CDU: 641.568(45)

07.10.09   15.10.09   015720

[2009]
Todos os direitos dessa edição reservados à
ALAMEDA CASA EDITORIAL
Rua Conselheiro Ramalho, 694 - Bela Vista
CEP 01325-000 - São Paulo - SP
Tel. (11) 3012-2400
www.alamedaeditorial.com.br

Sumário

APRESENTAÇÃO 7
Lucia Wataghin

INTRODUÇÃO 9
O Futurismo
A gastronomia na literatura: prazeres sinestésicos
A cozinha futurista

I. MÁRIO DE ANDRADE, OSWALD DE ANDRADE E 33
A COZINHA FUTURISTA
Mário de Andrade na cozinha
Oswald canibal de Andrade
Marinetti antropófago

II. A COZINHA FUTURISTA E LINGUAGEM 79
O Futurismo: proposta de revolução linguística
A cozinha futurista e as inovações na língua
Dificuldades da tradução

III. A COZINHA FUTURISTA TRADUÇÃO 107
Sumário da cozinha futurista
1. Uma refeição que evitou um suicídio
2. O manifesto da cozinha futurista
3. A revolução cozinhária
4. Os cardápios futuristas
5. Receituário futurista
6. Pequeno dicionário

CONCLUSÃO 271
REFERÊNCIAS BIBLIOGRÁFICAS 277

Apresentação

Vem em boa hora, no centenário do primeiro manifesto do futurismo (1909), esta tradução do Manifesto da Cozinha Futurista e de outros escritos sobre o mesmo tema, de F. T. Marinetti e Fillìa (Luigi Colombo), inéditos no Brasil. A introdução de Maria Lucia Mancinelli aponta, com feliz intuição, para a presença aqui de um tema crucial de encontro entre o futurismo italiano e o modernismo brasileiro: alimentação e cozinha. Ingestão e digestão, assuntos programáticos de Oswald e de Mário de Andrade, tornam-se palavras-chave também para o futurismo italiano no final dos anos vinte: já em fase declinante do movimento, Marinetti encontra um terreno excelente para novas provocações (a mais afrontosa: a proposta de abolição do macarrão da dieta dos italianos) e jantares, almoços, noites futuristas, com os quais relança, ao menos provisoriamente, o movimento já próximo de sua natural exaustão.

Há uma defasagem entre surgimento e fases áureas de futurismo e modernismo, mas os dois movimentos se encontram, cronologicamente, ao levantar o tema em questão (no Brasil, com Macunaíma e o Manifesto Antropófago, em 1928; na Itália, com manifestos e eventos culinários futuristas, a partir de 1930). Evidentemente, o tema assume conotações de relevância incomparavelmente maior no Brasil, mas há um princípio comum - o da transformação da arte em vida, ou da vida em arte, a ambição de renovamento total, em todos os aspectos da vida - entre os jantares simultaneístas marinettianos, que almejavam estimular todos os sentidos, e os jantares de "arte sinestésica" que Oswald oferecia em São Paulo.

Sabe-se que Marinetti esteve no Brasil, em 1926, com o intuito de divulgar o futurismo, e que Mário de Andrade recomendou que fosse acolhido sem entusiasmo, certamente para evitar qualquer associação do modernismo brasileiro com um movimento como o futurismo italiano, partidário de um estado ditatorial. Mas é inegável que os clarões insurrecionais - a parte inovadora - do futurismo alcançaram as vanguardas que surgiram em rapida sucessão nas primeiras décadas do século XX, não apenas no Brasil, mas também na França, na Inglaterra, na Alemanha, na Russia. O lado obscuro do futurismo italiano, seus limites e contradições (e, particularmente, sua lamentável ligação com o fascismo) eram tais que quase não houve interesse nem adesão, por parte das vanguardas, sem explícitas manifestações de dissociação (Maiakóvski dissociou publicamente, já em 1913, o futurismo russo do italiano, Pound reconheceu a importância de Marinetti para o Imagismo, Joyce, Eliot, mas logo os imagistas também anunciaram suas divergências em relação aos futuristas italianos). Mas com o passar dos anos, as dissociações parecem menos necessárias; com as neovanguardas, nos anos 50 (no Brasil) e 60 (na Italia) ressurge o interesse pelo futurismo italiano: no Brasil, os concretistas Haroldo e Augusto de Campos e Décio Pignatari renovam e revitalizam as leituras do futurismo diretamente nos textos futuristas (há inclusive algumas traduções concretistas de Palazzeschi e Marinetti), e indiretamente, já assimiladas, nos textos de outros leitores dos futuristas (os modernistas brasileiros, Joyce, Pound, Apollinaire). E já foi observado como se materializam, na poesia visiva dos concretistas, principios futuristas (no espaço gráfico, na sintaxe, na tendência à substantivação).

Mas surge com o presente trabalho um novo tema: a convergência de futurismo italiano e modernismo brasileiro em torno de um eixo importante para o primeiro, crucial para o segundo. Maria Lucia Mancinelli tem o grande mérito de estabelecer novas relações e abrir espaço para novas reflexões, que ampliam nosso conhecimento do terreno das confluências e divergências entre dois movimentos, muitos autores, dois países. E, portanto, da história e da literatura, formadas por encontros e desencontros de forças e ideias numa rede cuja complexidade é sempre capaz de nos surpreender.

Lucia Wataghin

Introdução

O Futurismo

Em 20 de fevereiro de 1909, o jornal francês *Le Figaro* publicou o *Manifesto Futurista*. Quem o assinou foi Filippo Tommaso Marinetti, fundador e maior expoente do movimento futurista. Em língua francesa, o manifesto atingiria um número maior de leitores.

O menino Filippo nasceu em Alexandria, uma colônia inglesa no Egito, em 1876. Estudou em uma escola de jesuítas franceses, o colégio Saint-François Xavier. Fazendo parte da elite dominadora, o futuro poeta presenciava a submissão e as condições de vida da população autóctone. Educado em colégio católico, pôde observar a distância entre discurso e atitude, entre colonizadores e colonizados.

Aos dezessete anos, descobre Paris, quando estuda Letras na Sorbonne. Conhece toda a agitação cultural e artística daquela cidade, convive com os simbolistas e decadentistas, aproxima-se de seus ideais; a revolta contra o *status quo* social pôde então se desenvolver.

Seu pai, advogado, imagina para o filho uma carreira jurídica e o faz voltar à Itália para estudar Direito. Marinetti se forma na Universidade de Gênova em 1899, porém, uma vez satisfeito o orgulho paterno, volta a Paris e nunca mais se envolve com a justiça, a não ser no banco dos réus.

Marinetti foi um filho afetuoso e dócil, depois tornou-se pai e esposo exemplar, pessoa gentil no dia a dia. A violência aparece apenas no discurso literário; o gosto pelo escândalo e o exibicionismo eram arquitetados como forma de difundir os ideais futuristas. Costuma-se dizer que a história do futurismo confunde-se com a de seu idealizador, Marinetti.

Havia sim contradições na base do futurismo e, para entendê-las, basta verificar as contradições culturais de seu líder: Marinetti diz-se anticlerical, mas suas filhas estudam em colégio de freiras; proclama-se anticlássico, mas veste a farda da Academia; é indisciplinado, mas cumpre o serviço militar e participa da Primeira Guerra como voluntário; é liberal, mas adere e defende o fascismo.

Se todas essas contradições podem conviver no espírito de apenas uma pessoa, o mesmo torna-se impraticável quando se trata de um grupo que deveria estar unido em torno (ou em busca) de um ideal estético/artístico.

Com o *Manifesto do Futurismo*, Marinetti inova, rompe com todas as tradições e inaugura o estilo das vanguardas do século XX, sendo depois seguido pelo Dadaísmo e pelo Surrealismo. Mas se os princípios são de caráter universal e seu líder despende forças para difundir os ideais pela Europa e pelas Américas, sua ambição essencial é a de transformar a cultura e literatura italiana, que ele julga estagnadas.

O futurismo nasceu sob o signo do mundo moderno. Máquinas, eletricidade, velocidade revolucionaram o mundo e passaram a ser os novos ideais de beleza. Os primeiros vinte anos do século XX marcam o advento do avião, do automóvel, do domínio do homem sobre a natureza. A literatura então procura transmitir o espírito do mundo moderno,

A cozinha futurista

um mundo de máquinas, de multidões e de velocidade, numa poesia febril, cheia de gritos que exclamam e interrogam.

No plano das artes plásticas, o mais fecundo do futurismo, o movimento implicou nova ruptura com a tradição, já que os artistas procuram apresentar a realidade em pleno movimento, e não nas suas formas essenciais. O futurismo literário, por sua vez, defende – além das palavras em liberdade – a exaltação da intuição contra a inteligência; a reivindicação da valentia e da audácia; a primazia do viril ante o feminino; a exaltação da energia e da ação; a idolatria pela máquina, instrumento multiplicador dos poderes do homem. Como diz Aurora Fornoni Bernardini, os três pilares que sustentam o futurismo são o verso livre ("perene dinamismo do pensamento, desenrolar ininterrupto de sons e de imagens"), o maquinismo ("a psicologia do progresso") e a anarquia ("Stirner mais do que Bakunin")[1].

Na base do discurso futurista do início do movimento, existe um discurso subliminar: uma atitude antiburguesa, dessacralizadora, a reação contra os limites e padrões estabelecidos, como se o novo precisasse da revolução para se libertar do antigo.

Podem-se estabelecer algumas datas fundamentais para o futurismo, dividindo-o em três fases, sempre de acordo com a atuação de Marinetti: "de 1905 a 1909, em que o princípio estético defendido é o verso livre; de 1909 a 1919, quando se redige a maior parte dos manifestos e se luta pela imaginação sem fios e pelas palavras em liberdade; e a de 1919 em diante, quando se fundou o fascismo, e o futurismo se transforma em porta-voz oficial do partido"[2]. O crítico Luciano de Maria divide o futurismo de Marinetti em apenas duas fases: o período heróico, até 1920, e um "segundo futurismo", de 1920 até 1944, data da morte de Marinetti.

---

1 Bernardini, Aurora Fornoni. *O futurismo italiano*. São Paulo: Perspectiva, 1980. p. 10.
2 Teles, Gilberto Mendonça. *Vanguarda européia e Modernismo brasileiro*, 15. ed. Petrópolis: Vozes, 1999. p. 86.

O Futurismo foi o primeiro grande movimento intelectual italiano do século XX e deixou marcas inconfundíveis na estética do mundo moderno ao servir de modelo para inúmeras escolas em diversos segmentos das artes. "Pound reconhece que o movimento literário londrino por ele inaugurado com Joyce, Eliot e outros não teria existido sem o futurismo"[3]. Entretanto, é fato que o movimento perdeu sua força inovadora à medida que se aproximava da política.

Marinetti exerceu inegável influência em todas as literaturas modernas, mesmo tendo esta sido negada pelos autores, como no caso de alguns dos primeiros modernistas brasileiros. Na correspondência de Mário de Andrade a Manuel Bandeira, podemos encontrar em carta datada de 14 de maio de 1926 - época da primeira visita de Marinetti ao Brasil - alguns comentários depreciativos com relação ao "carcamano, que veio fazer a gente perder quase metade do caminho andado", ou "que convém tratá-lo com a maior desimportância até com uma desimportância afetada para que ele não imagine que a gente está indo na onda"[4]. Na realidade, Mário de Andrade estava já em desacordo com a postura política de Marinetti e não queria ter seu nome associado à figura do líder futurista/fascista.

A influência existe, mas a revolução causada pela possibilidade de libertar as palavras das construções sintáticas cristalizadas impregnou de tal modo o espírito modernista brasileiro que estes não veem nenhuma dependência do Futurismo. Podemos pensar que a apropriação, neste caso, foi oswaldianamente antropofágica: recolhida a influência, esta foi assimilada e passou a integrar o modernismo.

No *Manifesto Futurista*, existem algumas características que são comuns a outros movimentos de vanguarda, como: a vontade de se

---

[3] Bernardini, Aurora Fornoni. *Op. cit.* p. 11.
[4] Andrade, Mário de & Bandeira, Manuel. *Correspondência*. São Paulo: Edusp/IEB, 2000. p. 294 a 297. Organização, introdução e notas: Marcos Antonio de Moraes.

A cozinha futurista

apresentar como um grupo organizado de artistas militantes, unidos por um repertório de ideias e valores comuns, em violento conflito com o resto da sociedade; a drástica ruptura com a mentalidade, o gosto, os modelos de comportamento do passado, em nome de uma visão de mundo que se apresenta como totalmente nova; a ideia de que a arte não deve permanecer no isolamento, mas mergulhar impetuosamente na vida de todos os dias, revolucionando-a.

Pode-se verificar que há, no Futurismo, uma quantidade maior de manifestos do que de obras literárias. A teoria futurista não pode ser facilmente aplicada à literatura, que provém de uma tradição secular. Dentre as ideias futuristas, encontramos o culto da máquina e da velocidade, pregando ao mesmo tempo a destruição do passado e sobretudo das literaturas passadas, modificando a sintaxe: as palavras não deveriam mais seguir a ordem lógico-sintática, dispondo-se livremente no papel.

Ora, aqui reside o primeiro malogro futurista. Ao mesmo tempo que pregava a destruição da sintaxe, a abolição da conjugação verbal, do adjetivo, do advérbio e da pontuação, utilizava, para propor estas novas ideias, a velha sintaxe tradicional. Os textos, com adjetivos, advérbios, sinais gráficos e verbos impecavelmente conjugados, são sim entremeados por reivindicações numeradas de ordem militar, gritadas, em tom de discurso inflamado e com uma certa ruptura sintática. Vê-se, pois, que a real novidade proposta pelo Futurismo não é o conteúdo, mas o tom, a provocação.

Outra contradição presente no futurismo é a negação do passado literário. Sabe-se que só existe revolução se há passado. Somente o desejo de mudar a realidade é que dá ensejo à aproximação do novo. Marinetti usa grande parte das ideias simbolistas e decadentistas para promover os seus manifestos, apesar de proclamar em seus discursos a absoluta inovação de suas técnicas. Gilberto Mendonça Teles afirma que o próprio Marinetti "dá como seus precursores os nomes de Whitman, Verhaeren, Zola, Gustave Kahn, Paul Adam e outros, (...) decadentes e simbolistas do *"fin de siècle"*.[5]

Para o movimento, a arte não é mais representação de mundo, mas deve ser destruição, desmonte sistemático e polêmico do passado, contestação do presente, oposição total ao sistema do poder constituído, ou então, construção de objetos novos. Mas, (...)como toda vanguarda, o futurismo oscila: de um lado, a contestação integral da linguagem burguesa, a utopia de uma reinauguração da expressão; de outro, há uma exaltação da técnica que não podemos deixar de relacionar à civilização industrial no ápice de seu desenvolvimento.[6]

O futurismo evoluiu (ou talvez tenha involuído) de transformador das artes a meio de comunicação servidor da moral e do fascismo, movimento político que o transformou em instrumento de propaganda. A temática fascista apropria-se do marinettismo e com ele da impetuosidade da linguagem, do tom provocador, do topete e do desafio. As primeiras intenções contidas no cerne do movimento são transformadas em técnica de oratória e de governo. Entretanto, justamente por isso, o futurismo, com sua exaltação eletrizante da máquina como triunfo da vitalidade, da velocidade, não poderia deixar de se aproximar da revolução fascista, que estava solidária à grande burguesia industrial propiciadora do desenvolvimento.

Pode-se dizer que, até 1920, o futurismo colaborou de forma incisiva para a mudança ocorrida na literatura do século XX e que, após essa data, limitou-se a poucas e infrutíferas ações literárias, resumindo-se a difundir as ideias fascistas. Entretanto, o *Manifesto da Cozinha Futurista*, publicado em 1930 (época em que Marinetti já pertencia à Academia Fascista) por F. T. Marinetti e Luigi Colombo "Fillìa", aparece como o último grande feito marinettiano. A julgar pela extensa

---

5   Teles, Gilberto Mendonça. *Op. cit.* p. 87.
6   Squarotti, Giorgio Barberi (org.) *Literatura Italiana: linhas, problemas, autores.* São Paulo: Nova Stella/Instituto Cultural Ítalo-Brasileiro/Edusp. 1989. p. 485.

bibliografia sobre a obra A *Cozinha Futurista*, e pela repercussão e discussões que provocaram suas inovações, este manifesto gastronômico nunca foi apreciado com o devido valor pela crítica, já exausta do cunho propagandista revelado pelos últimos anos do futurismo.

A Gastronomia na Literatura: prazeres sinestésicos

A gastronomia sempre encontrou um campo fecundo na expressão estética. Na literatura, por exemplo, é difícil encontrar um romance no qual não se descreva ao menos uma refeição, já que encontros sociais são comumente realizados em torno de uma mesa.

A refeição em si é um ritual presenciado em todas as culturas. No início, era necessário reunir as pessoas para que uma carne (proveniente de caça ou sacrifício) fosse melhor aproveitada, já que não havia métodos para evitar que os alimentos se deteriorassem.

O ritual, sendo ao mesmo tempo o comportamento esperado e o correto, consiste numa série de ações constantemente repetidas. A refeição também é habitual e visa à ordem e à comunicação. Comemorações marcando transições e lembranças quase sempre exigem comida, com toda a cortesia ritual implícita na refeição.

Os dias festivos são solenes ou sagrados. As famílias também se encontram para refeições e este costume remonta a dois milhões de anos; como lembra Margareth Visser[7], "(...) à volta diária dos caçadores e forrageadores proto-humanos para dividirem a comida com seus companheiros – aqueles que habitualmente, mas nem sempre, eles haviam decidido não devorar". Com o passar dos séculos, este ritual perdeu seu valor econômico e ganhou em sociabilidade, cortesia, reciprocidade, interesse e prazer.

---

7 Visser, Margareth. *O ritual do jantar*. Rio de Janeiro, Ed. Campus, 1998. p. 22.

O prazer também está diretamente ligado à gastronomia. Como diz Brillat-Savarin[8] (1755-1826): "Os animais se repastam; o homem come; somente o homem de espírito sabe comer." Quando os homens perceberam que o ato de comer encerrava mais que sua simples subsistência, começaram a descobrir todo o prazer que uma refeição pode oferecer. Desde os alimentos até a bebida que os acompanha, da beleza da sala de refeição ao tipo de música selecionada para acompanhá-la, da escolha dos comensais aos assuntos tratados durante a refeição. O sucesso alcançado pelo repasto e sua digestibilidade dependem de cada um destes fatores. Cada detalhe colabora para tornar mais ou menos agradável este nosso ritual diário, em que as pessoas encontram-se para celebrar a vida, nutrindo-a, renovando suas forças.

Entretanto, nem sempre este prazer caminha impune. Ele também pode trazer consequências desagradáveis, como a obesidade, para aqueles indivíduos que digerem as substâncias de forma diferenciada; ou a preguiça e indolência, devidas à ingestão de alimentos mal escolhidos ou mal combinados. Outro infortúnio relacionado a este prazer é o de sua própria negação, ou seja, a abstinência gastronômica, que pode ocorrer de forma compulsória – por empecilhos financeiros pessoais ou carestia em épocas de guerra e recessão econômica –, ou por escolha própria, nos casos de dietas autoimpostas como penitências, jejuns religiosos ou de emagrecimento.

O prazer da boa mesa transportou-se para as artes. As cenas descritivas de festas, banquetes, chás ou simplesmente jantares íntimos permeiam a literatura, enchendo as páginas com uma sensualidade discreta. Fatos e conversas importantes desenrolam-se entre um e outro bocado, sendo este pequeno rito diário sempre um bom pretexto para a reunião das personagens, já que toda refeição familiar compartilhada

---

8   Savarin, Brillat. A *Fisiologia do Gosto*. São Paulo: Companhia das Letras, 1995. p. 15.

A cozinha futurista

num minibanquete celebra tanto a interligação quanto o autocontrole dos membros do grupo.[9]

Mais que acessório literário, a boa mesa tornou-se independente e, cada vez mais, podemos encontrar nas prateleiras das livrarias edições dedicadas à gastronomia. Edições sobre a história da gastronomia dividem espaço com obras sobre a cultura e a filosofia. Os livros "de receitas" evoluíram e, cada vez mais, parecem-se com os livros de arte. E o são. Livros de arte culinária. As fotografias contribuíram em muito para transformar a arte dos *chefs* em verdadeiras tentações para os nossos olhares. A facilidade de encontrar os ingredientes traz o sonho de uma refeição digna de reis para mais perto de outras camadas da população. As figuras enchem nossos olhos com sua beleza, nossa imaginação encarrega-se de criar o resto: o gosto, a textura, o aroma, o tilintar dos talheres nos pratos. Cinco sentidos unem-se para reproduzir o prazer que sentimos ao saborear uma nova iguaria – ou uma iguaria já conhecida, mas redescoberta a cada novo bocado.

A utilização dos sentidos sempre foi importante para a literatura. Descrições sempre se tornam mais interessantes quando extrapolam o campo da visão. É importante reproduzir sons, odores, textura, temperatura, sabores. Marinetti já percebera isto ao longo de sua obra.

Em 1939, o manifesto *O romance sintético* catalisava as tendências um pouco separadas entre os manifestos anteriores, já que este deveria ser otimista, heroico, simultâneo, dinâmico, aeropoético, aeropictórico, olfativo e tátil rumorista.[10] Merece atenção o subtítulo do livro "Il tamburo di fuoco: Dramma africano di calore, colore, rumori, odori. Con intermezzi musicali del Maestro Balilla Pratella e accompagnamento intermittente d'intonarumori Russolo". Publicado em 1922, pela Casa Editrice Sozogno de Milão, esta obra também privilegiava os sentidos.

---

9 Visser, Margareth. *Op. cit.* p. 22.
10 Marinetti, F. T. *Teoria e Invenzione Futurista*. Milão: Mondadori, 1968. p. 193.

Os manifestos lançados ao longo do movimento também refletiram esta preocupação constante: o *Manifesto técnico da literatura futurista* (1912) defende a introdução do rumor, do peso e do odor na literatura, já que estes representariam, respectivamente, a manifestação do dinamismo, a faculdade de voo e a faculdade de dispersão dos elementos. O texto *Palavras em liberdade* (1912) diz que o poeta futurista jogará nos nervos do leitor as suas sensações visivas, auditivas e olfativas. Seria a irrupção do "vapor-emoção". No *Manifesto do teatro sintético futurista* (1915), é nos apresentada a representação da nova era – entremeada de gritos, gesticulação apropriada, enfim, de detalhes emprestados dos outros campos da arte para que o Teatro Futurista seja mais abrangente.

O *Manifesto do tactilismo*, de 1921, é de suma importância para que se possa compreender a revolução "cozinhária"[11] futurista. Marinetti defende que é possível educar o tato para que possamos perceber muito mais coisas através deste sentido. Exercícios como tocar "tábuas sintéticas" formadas por lixa, veludo, areia, seda, e tantas outras texturas, propiciariam ao homem a descoberta de outros sentidos, ainda não catalogados pela ciência. Seriam eles: sentido de visão na ponta dos dedos, sentido do equilíbrio absurdo (aquele que faz um atleta, ao final de um salto imperfeito, manter-se em pé), sentido de orientação aviatória (essencial para pilotos), sentido tátil à distância (pressentimento), sentido das costas (deve ser estudado em gatos no escuro), sentido musical (ou do ritmo corporal), sentido da superfadiga-força (a força que irrompe em um estágio avançado de fadiga), sentido de velocidade, sentido de nível, sentido tato-cirúrgico (todo cirurgião é ou deveria ser dotado dele) e sentido carnal-materno.

O desenvolvimento dos "17 sentidos" proporcionaria uma gama maior de possibilidades, e seria possível, através de determinados materiais táteis, induzir sensações, histórias, sentimentos nas pessoas. Marinetti também propõe a utilização dos cinco sentidos

---

11 O termo "cozinhária" pretende recuperar o neologismo criado por Marinetti, que chamava sua revolução de *cucinaria*, em vez do existente *culinaria*.

A cozinha futurista

para que um prato possa ser devidamente apreciado e degustado, como na "Aerovianda com rumores e odores".

Diz Marinetti: "(...) futuristicamente comendo, opera-se com os cinco sentidos: tato, paladar, olfato, visão e audição". O prato consiste em quatro pedaços: um quarto de erva-doce, uma azeitona, uma fruta cristalizada e o "aparelho tátil". Come-se a azeitona, depois a fruta cristalizada, depois a erva-doce. Ao mesmo tempo, passa-se com delicadeza as pontas dos dedos indicador e médio da mão esquerda sobre o aparelho retangular, formado por um retalho de damasco vermelho, um quadradinho de veludo preto e um pedacinho de lixa. De uma fonte sonora, cuidadosamente escondida, partem as notas de um trecho de ópera wagneriana e, simultaneamente, o mais hábil e gentil dos garçons pulveriza pelo ar um perfume. No relato de Marinetti, apenas uma pessoa permaneceu alheia ao entusiasmo que preencheu a sala durante a degustação deste prato. Questionada, descobriu-se que era canhota – esfregava portanto o aparelho tátil com a mão direita enquanto comia com a esquerda.

Mas a teoria gastronômica futurista proposta por Marinetti não é exatamente inovadora, apesar de o parecer à primeira vista. Em pleno início do século XIX, Brillat-Savarin[12] escreve *A Fisiologia do Gosto*, obra em que discute filosoficamente diversos assuntos relacionados à gastronomia. Neste livro, além de afirmar que a alimentação influi de maneira direta sobre a saúde, a felicidade e mesmo os negócios, relata um de seus experimentos: um jantar em que foi usada uma de suas invenções, chamada por ele de "irrorador".

O instrumento foi apresentado, durante um jantar, à Sociedade de Estímulo à Indústria Nacional e consiste em uma fonte de compressão adaptada para perfumar ambientes internos. A ideia tão inovadora de Marinetti – perfumar os ambientes durante os jantares para promover uma apreciação mais completa – já havia sido explorada por outro curioso com um século de antecedência. Brillat-Savarin afirma ainda que:

---

12 Savarin, Brillat. *Op. cit.* p.15.

quem compareceu a um banquete suntuoso, numa sala ornada de espelhos, flores, pinturas, esculturas, aromatizadas de perfumes, enriquecida de belas mulheres, repletas dos sons de uma suave harmonia; este, afirmamos, não precisará de um grande esforço de inteligência para se convencer de que todas as ciências foram chamadas para realçar e enquadrar adequadamente os prazeres do gosto.[13]

O embrião da cozinha futurista também pode ser encontrado em outros autores. Podemos identificar a interação dos cinco sentidos na tradição simbolista francesa, desde Rimbaud, que relaciona a sonoridade das letras à música e às cores; em René Ghil (1862-1925), ao instaurar a língua-música, em que vincula certas ordens de sentimentos e ideias às ordens de sons e de timbres vocais. Diz Ghil que "(...) todo instrumento musical tem harmonias próprias: daí seu timbre, que é assim apenas uma cor particular do som"[14].

Marinetti afirma, no manifesto *Palavras em liberdade,* que o verbo no infinitivo é redondo e escorregadio como uma roda; os outros modos e tempos do verbo são triangulares, ou quadrados, ou ovais.

Nas *Correspondências*, de Baudelaire, a fusão dos sentidos não se dá em cadeia, na sequência temporal; pelo contrário, realiza-se num só instante, como se o perfume fosse, a um só tempo, oloroso, táctil, auditivo e visual. Já Mallarmé, em seu manifesto decadente *Aux lecteurs!*, de 1886, afirma que "afinamento de apetites, de sensações, de gosto, de luxo, de prazer; nevrose, histeria, hipnotismo, morfinomania, charlatanismo científico, schopenhaurismo em excesso, tais são os pródromos da evolução social". E sobre este manifesto, escreve Gilberto Mendonça Teles, em seu *Vanguarda européia e*

---

13 Idem Ibidem. *p.* 39.
14 Moisés, Massaud. *História da Literatura brasileira,* vol. 3 Simbolismo. São Paulo: Cultrix-Edusp, 1985. p. 11.

modernismo brasileiro: "Podem-se perceber algumas ideias que vão ser levadas ao extremo pelos futuristas e dadaístas, uma vez que o movimento decadentista desapareceria três anos depois"[15].

Ainda no período decadentista, J.K. Huysmans escreveu o livro *Às avessas*, em que podemos perceber a mesma intenção sinestésica no ato de comer.

> De resto, cada licor correspondia, segundo ele, como gosto, ao som de um instrumento. O curaçao seco, por exemplo, à clarineta cujo canto é picante e aveludado; o kümmel, ao oboé, com seu timbre sonoro anasalado; a menta e o anisete, à flauta, a um só tempo açucarada e picante, pipilante e doce (...)[16]. Ou ainda: (...) ergueu-se e, melancolicamente, abriu uma caixinha de prata dourada com a tampa enfeitada de aventurinas. Estava cheia de bombons violeta; pegou um e apalpou-o, pensando nas estranhas propriedades desse bombom coberto de açúcar como geada; outrora (...) depositava um desses bombons sobre a língua, deixava-o derreter-se e subitamente surgiam, com infinita doçura, lembranças muito apagadas, muito enfraquecidas, das antigas libertinagens. Tais bombons (...) eram uma gota de perfume de sarcanthus, uma gota de essência feminina, cristalizada num torrão de açúcar; eles penetravam as papilas da boca, evocavam lembranças de água opalizada por vinagres raros, por beijos muito profundos, empapados de odores. De hábito, ele sorria, aspirando esse aroma amoroso, essa sombra de carícias que lhe punha uma ponta de nudez no cérebro e reanimava, por um segundo, o gosto não há muito adorado de certas mulheres.[17]

---

15 Teles, Gilberto Mendonça. *Op. cit.* p. 56-57
16 Huysmans, J.K. *Às Avessas*. São Paulo: Companhia das Letras, 1987. p. 78.
17 *Idem. ibidem.* p. 134.

Os ingredientes utilizados nas receitas futuristas eram escolhidos para provocar a melhor experiência sensorial (seria melhor dizer sensual?) possível. Flores, café, frutos exóticos, perfumes e materiais de diferentes texturas. Estimulando o dinamismo, diferentes combinações de sabores e odores.

Já em 1911, Guillaume Apollinaire discutia a ideia de haver um "cubismo culinário", brincando com as palavras e remetendo tanto ao movimento artístico quanto aos cubos de comida desidratada, resultantes dos avanços científicos, com os quais era possível preparar sopas e outros alimentos. Na mesma época, defendeu uma "gastroastronomia", que era arte, e não ciência. A cozinha "gastro-astronomista" não tem por objetivo saciar a fome, mas degustar novos pratos, preferencialmente estando sem apetite. A fome só atrapalharia a degustação.

O cardápio de um jantar "gastroastronomista" trazia como entrada violetas frescas sem os cabos, temperadas com suco de limão; um peixe cozido em folhas de eucalipto que evocava Flaubert, um filé temperado com tabaco que seria aprovado à perfeição por Brillat-Savarin, uma salada temperada com óleo de nozes e *grappa*, queijo temperado com noz-moscada e, como sobremesa, frutas da estação.

Apollinaire manteve contato com o futurista Marinetti, aproximando-se do italiano através de cartas. Marinetti não recebia muito bem este contato, mas parece ser possível reconhecer traços da rebeldia "gastroastronomista" na cozinha futurista. A combinação de elementos bastante diferenciados e o uso de condimentos inusitados, ao menos, parecem coincidir nas duas proposições.

Entre os modernistas brasileiros, não foi muito diferente. Logo percebemos em Oswald de Andrade o gosto pelas artes em geral, não se restringindo à literatura. Oswald, como jornalista, escrevia críticas de pintura, música. Foi o responsável por impulsionar muitas carreiras artísticas, como a do escultor Victor Brecheret, ou mesmo a de Anita Malfatti, saindo em sua defesa publicamente após a conhecida crítica de Monteiro Lobato à sua exposição em 1917.

A cozinha futurista

Este gosto pelas artes não excluía a gastronomia, que tratou como mais uma arte. Em 1927, o casal Tarsiwald ofereceu um jantar literário ao escritor paulista Paulo Prado (1869-1943), e o cardápio-programa do jantar é uma obra de "arte sinestésica". O programa anunciava algumas intervenções: umas literárias, como a do traficante de pau brasil Oswald d'Andrade e a leitura do sermão da montanha sobre Ser Mãi da Intanha; outras musicais, como o trobadour Rainette Olé cantando e a pintora caipiriuschka Tarsilowska do Amaral tocando alaúde; ou mesmo política, com o bandeirante Pau lo Prato chorando sobre a trasteza do *pó Lhytico no Brasil*.

A lista de comidas traz uma reprodução gráfica de uma casa, provavelmente a "Villa Fortunata", onde aconteceu o jantar, além de ilustrações de Tarsila, caricaturas, escritos diversos sobrepostos à lista de pratos, escrita em francês: *Potage crème de volaille, Filet de poisson Parmentier, Tournedos à la Rossini, Dinde farcie, Jambon d'York* e *Salade.* Como sobremesa, *Charlotte Russe, Parfait Praliné e fruits.* Para beber, *Champagne, Liqueurs* e *Café*. O jantar literário reuniria os cinco sentidos, enfim.

A COZINHA FUTURISTA

O *Manifesto da cozinha futurista* foi publicado em 1930, quando as polêmicas suscitadas pelo movimento já não tinham a força revolucionária de outrora. Dos integrantes do primeiro grupo futurista, apenas Marinetti havia resistido no movimento – motivo pelo qual Paolo Angeleri chama-o de marinettismo[18]. O Futurismo já flertava com o fascismo desde 1914, época em que uma Itália em guerra, destruída, buscava no totalitarismo uma possibilidade de reconquistar a autoestima. O ano da adesão oficial do futurismo (resumido então a Marinetti e alguns novos adeptos) ao fascismo é 1924. No ano de 1929, Marinetti foi nomeado acadêmico

---
18 Bernardini, Aurora Fornoni. *Op. cit.* p. 16

da Itália e vestiu a farda da Academia e em 1930 – praticamente dez anos após o final do período glorioso e fecundo do futurismo – publicou o *Manifesto da cozinha futurista*, com a colaboração de alguns novos integrantes: Luigi Colombo "Fillía", Giulio Onesti e Enrico Prampolini.

O livro A *Cozinha Futurista*, contendo o referido manifesto de 1930, toda a polêmica por este suscitada na imprensa da época em diversos países, a descrição de diversos menus futuristas, bem como um receituário e um pequeno dicionário, foi publicado em formato livro primeiramente em 1932, na Itália, pela Editora Sonzogno de Milão. Com 267 páginas, 19 cm e apenas quatro ilustrações, só foi reeditado em 1986 pela Longanesi, também de Milão, pela coleção *Il Cammeo* quando ganhou formato de 21 cm e reduziu o número de páginas para 254. Em 1986 algumas partes foram publicadas em fac-símile pela Salimbeni de Firenze, e em 1998 a terceira e última edição italiana do livro, feita pela Editora Marinotti, esta também de Milão, concedeu à obra 14 páginas de ilustrações, 27 cm de tamanho e 160 páginas.

A obra pode ser encontrada nas bibliotecas das cidades mais importantes da Itália, como Roma, Florença, Gênova, Milão, Ravena, Turim, Bolonha, Palermo, Ferrara, entre outras, e também em bibliotecas espalhadas pelo mundo, em sua versão original ou traduzida.[19]

A *Cozinha Futurista* já foi traduzida para o espanhol, por Guido Filippi, e publicada em Barcelona, pela Editora Gedisa, em 1985 sob o nome *La Cocina Futurista: una comida que evitó un suicidio*. Esta tradução está na Biblioteca Nacional da Espanha e também na biblioteca da FFLCH – USP. Outra tradução facilmente encontrada é em francês, feita por Nathalie Heinich e publicada em Paris, pela A.M. Metailié em 1982 com o título *La Cuisine Futuriste*. Esta obra

---

19 Em 2007, foi publicada uma edição fac-símile da edição de 1932 pela Viennepierre Edizioni, de Milão, com 256 páginas e várias fotos e ilustrações.

pode ser consultada na Biblioteca Nacional da França e na Biblioteca da Universidade de Leuven, na Bélgica.

Em inglês há duas publicações, uma pela Editora Trefoil de Londres, que pode ser encontrada na British Library, e outra pela Editora Bedford Arts, de São Francisco, localizada na Library of Congress. Ambas as publicações do livro *The Futurist Cookbook* datam de 1989, foram feitas a partir da tradução de Suzanne Brill e contam com uma introdução feita por Lesley Chamberlain.

O livro foi traduzido também para o norueguês com o título *Futuristisk Kokebok*, pelo escritor Steiner Lorne, com introdução de Andreas Viestad e publicada em Oslo pela Spartacus Forlag em 2001. Existe ainda uma tradução em alemão, feita pelo escritor Klaus M. Rarish: *Die futuristische Küche*. Esta foi publicada pela Editora Klett-Cotta em 1983, pela coleção Cottas Bibliothek der Moderne e pode ser encontrada nas bibliotecas de Leipzig, Frankfurt e Hamburgo, entre outras.

Os manifestos do final do período heroico do futurismo (próximo a 1920) já possuem uma forte conotação sociopolítica: a nação deveria reerguer-se e recuperar-se de todas as perdas resultantes da guerra. Duas forças políticas emergem no cenário mundial: os regimes totalitaristas, na figura de Mussolini, na Itália, e o regime comunista, excitado pela recente Revolução Russa, em 1917. Marinetti apoia o regime fascista, cujos ideais já haviam sido antecipados de certa forma no *Manifesto futurista* de 1909. Na realidade, o futurismo e o fascismo condividem o nacionalismo exacerbado, o militarismo, o gosto pela luta, pela guerra; as belas ideias pelas quais se morre; a coragem, a audácia e a rebelião.

Dos manifestos que surgiram após 1920, Gilberto Mendonça Teles acredita ser o mais importante o já referido *Manifesto do tactilismo*, datado de 11 de janeiro de 1921. Ora, se Marinetti e seus "discípulos" já haviam escrito manifestos sobre pintura e escultura (visão), música (audição), sons, rumores e odores (audição e olfato), tactilismo (tato), o único sentido que ainda faltava ser abordado era o paladar. Surge então o *Manifesto da cozinha futurista*, que pretendeu revolucionar o modo pelo qual os italianos se alimentam. O último dos sentidos fora também abordado pelo "agitador futurista", como o chamou Mário de Andrade. Nas palavras do crítico italiano Luciano De Maria:

> Marinetti e seus companheiros pronunciaram-se sobre todos os assuntos: literatura, teatro, cinema, política, dança, erotismo, fotografia, cozinha, etc. Um impulso "totalitário" anima o movimento: a meta dos futuristas, como mais tarde será dos surrealistas, é *changer La vie*, segundo a frase de Rimbaud, e não apenas nas condições externas da existência, mas no mais profundo do espírito humano.[20]

A publicação do *Manifesto da cozinha futurista* deu-se na Gazzetta del Popolo, de Turim, em 28 de dezembro de 1930. Neste manifesto, Marinetti defendia novos hábitos alimentares, que, segundo o autor, trariam inúmeros benefícios ao povo italiano.

Dentre as diversas ideias apresentadas, a proposição que mais choca é a de "abolir o macarrão". Marinetti afirma que o homem pensa, sonha e age de acordo com o que come e o que bebe. Um homem mal nutrido pensa e age mal. Ao propor a abolição do macarrão, Marinetti argumenta que este alimento contrasta com o espírito vivaz e com a alma apaixonada dos napolitanos. As pessoas ao comerem macarrão, não mastigam e prejudicam o trabalho de digestão desempenhado pelo pâncreas e pelo fígado, provocando desequilíbrio e distúrbio nesses órgãos. Derivariam então: fraqueza, pessimismo, inatividade nostálgica e neutralismo.

---

[20] Maria, Luciano. *La nascita dell'avanguardia – saggi sul futurismo italiano*. Venezia: Marsilio Editori, 1986. p. 15.

A cozinha futurista

Em seus *Aforismos*, Brillat-Savarin afirma que "o destino das nações depende de como elas se alimentam"[21] e acrescenta que a fécula, presente em boa parte da alimentação de quase todos os povos, "(...) enfraquece as fibras e mesmo a coragem dos homens"[22]. O exemplo dado é o do povo indiano, que vive quase exclusivamente do arroz e é extremamente submisso. Em outra passagem do mesmo livro, o escritor afirma que os povos que se alimentam de peixe são menos corajosos do que os que se alimentam de carne de gado, porém têm a sensualidade despertada por certa substância ictiófaga, o fósforo[23].

O manifesto contra o macarrão é lembrado em diferentes épocas e ocasiões. Vez ou outra um restaurante promove uma noite futurista, em que as receitas são novamente executadas e degustadas, mas ainda hoje existe um restaurante na Itália – o Lacerba, de Milão – que serve os pratos e as bebidas futuristas, não apenas em festas relativas a datas comemorativas do movimento literário, mas como pratos constituintes do cardápio[24].

A revista *Focus* (Mondadori) de dezembro de 2002 traz uma ampla reportagem sobre o macarrão, suas origens e sua história, e a afirmação de que já em 1154 o macarrão era produzido na Itália, em Palermo (e não que tenha sido trazido da China para a Itália por Marco Polo), além de informar que no início do século XX o poeta Marinetti propôs abolir o macarrão da dieta italiana. Sem sucesso. Orietta del Sole, em seu livro *Nunca treze à mesa*, faz uma referência ao mesmo fato: a tentativa de desvincular o macarrão dos hábitos alimentares italianos. O insucesso da tentativa é sempre comentado em tom jocoso, ou comemorativo, talvez.

Nutricionistas defendem que o macarrão faz bem à saúde: cem gramas de macarrão sem condimentos tem 356 calorias, das quais 80%

---

21   Savarin, Brillat. *Op. cit.* p. 15
22   *Idem, ibidem.* p. 72.
23   *Idem, ibidem.* p. 94.
24   Na verdade, existem dois cardápios, um futurista e outro passadista, para os clientes que não desejam se aventurar nas receitas inovadoras.

de carboidratos, 13,4% de proteína e 3,9% de gordura. Juntamente com o pão, arroz e cereais, o macarrão forma a base da pirâmide alimentar defendida pelos nutricionistas. A dieta mediterrânea – que inclui o macarrão – já foi exaltada como exemplo de alimentação sadia e equilibrada em todo o mundo.

O problema da importância da alimentação na formação do homem pode também ser verificado em Nietzsche, no livro *Ecce Homo*, de 1888, portanto anterior ao futurismo. "Como deves nutrir-te para chegares ao teu máximo de força, de virtude (no significado que essa palavra se dava na Renascença), de virtude livre e de moral?" Nietzsche afirma que sempre nutriu-se mal, culpa dos alemães, que comem até empanturrar os intestinos ("O espírito alemão é uma indigestão, não chegando nunca ao fundo de alguma coisa."[25]), o que também fazem franceses e ingleses. A melhor cozinha, afirma Nietzsche, é a do Piemonte.

O filósofo alemão também acredita que a pessoa é o que come, isto é, que a alimentação atinge diretamente o caráter e o comportamento, não só das pessoas individualmente, mas molda o comportamento de uma nação: "basta a mínima inércia dos intestinos – tornada depois um hábito péssimo – para fazer de um gênio algo de medíocre, de 'germânico'"[26]. Ironia ou não, Nietzsche julga como a melhor cozinha justamente aquela que Marinetti pretende revolucionar, a italiana.

Outro argumento utilizado contra o macarrão é de ordem econômica, pois o trigo, importado, era caro e a substituição deste alimento favoreceria a indústria italiana do arroz. O interesse de Marinetti é, portanto, não só nutricional, mas também político. A boa alimentação proporciona melhores soldados, melhores cidadãos e ainda contribui para o desenvolvimento econômico do país. Percebe-se então o cunho político, bastante nacionalista (seria lícito dizer fascista?), de Marinetti.

---

[25] Nietzsche, Friedrich. *Ecce homo*. São Paulo: Martin Claret, 2000. p. 51.
[26] *Idem, ibidem*. p. 53.

A cozinha futurista

Pudemos observar que a tradição alimentar vem sendo questionada por inúmeros autores e em diferentes épocas. Ainda que Marinetti tenha proposto uma revolução gastronômica em seu país, com o propósito de "melhorar a raça e a economia", o problema da interferência da alimentação na personalidade e/ou nas atitudes das pessoas não havia passado despercebido, antes dele, pelos autores do século XIX e início do século XX.

Como já foi dito, Marinetti e seus colaboradores, em especial Fillìa, coautor do *Manifesto da cozinha futurista*, pretenderam revolucionar a culinária italiana. Através da correta escolha e combinação de ingredientes, acreditavam poder fortificar a raça e tornar os homens mais competitivos e adequados à guerra. Os alimentos escolhidos também deveriam fortalecer a economia nacional, desenvolvendo a indústria e propiciando empregos aos italianos. Além disso, pela negação de todos os estrangeirismos, desde a matéria prima de certos alimentos até modas gastronômicas/culturais estrangeiras, a cultura italiana haveria de se fortalecer pelas modificações propostas.

É provável que a publicação deste manifesto tenha sido uma tentativa de fazer ressurgir a importância do movimento futurista, embora o objetivo não tenha sido alcançado. Talvez por Marinetti estar diretamente ligado ao fascismo e defender ideias já então consideradas conservadoras e de forte conotação política, o manifesto não repercutiu como deveria esperar seu autor. Após 1920, o futurismo havia entrado em crise, num período de decadência – os gritos e bramidos marinettianos já não eram ouvidos com tanta atenção pelo mundo literário.

A revolução gastronômica futurista não aconteceu, pois as propostas futuristas verificaram-se impraticáveis, além de estarem demasiado atreladas à figura política do Duce. Mas a importância da alimentação para a vida das pessoas continua ganhando mais e mais relevância tanto na literatura como na mídia. Marinetti tentou preparar, com os ingredientes do futurismo, uma nova massa. Entretanto, a alimentação italiana era mais resistente e tradicional. Restou-nos o manifesto, mais uma prova da personalidade multifacetada de um revolucionário que se ocupou de todos os sentidos, em todos os campos das artes.

I

Mário de Andrade, Oswald de Andrade
e
a Cozinha Futurista

Mário de Andrade na cozinha

A repercussão do *Manifesto da cozinha futurista* na mídia possibilitou a realização do livro *A Cozinha Futurista*, cuja repercussão, por sua vez, deu ensejo neste trabalho a uma série de "analogias gastronômicas" entre este e parte da obra de dois escritores modernistas, Mário de Andrade e Oswald de Andrade.

    Partindo de apontamentos sobre algumas obras destes dois autores, e oportunamente, de alguns colaboradores da *Revista de Antropofagia* liderada por Oswald, tentarei estabelecer relações pertinentes entre os autores brasileiros e o "futurismo gastronômico". Espero não causar indigestão com a combinação das iguarias.

    No livro *Macunaíma*, a alimentação é fator fundamental para o desenrolar da obra. A preocupação com a subsistência de cada indivíduo e de toda a tribo faz que o mais forte, o mais respeitado seja aquele com maior capacidade de prover seus familiares. Macunaíma passa a ser respeitado pelos irmãos na medida em que se torna o principal responsável pela alimentação dos mesmos.

Mário de Andrade escreveu *Macunaíma* na semana de 16 a 23 de dezembro de 1926, durante umas férias em Araraquara, mas o livro só veio a ser publicado em 1928, devido à série de modificações feitas no texto original. O livro provocou dúvidas desde a publicação pela dificuldade de sua classificação: história? romance? Acabou por ser rapsódia. O prefácio nunca chegou a ser publicado, pois Mário julgou inadequados os dois que escrevera. O resultado de sua obra foi emblemático, já que Mário de Andrade acabou por construir um "símbolo do brasileiro", reflexo da miscigenação de tantas culturas quantos foram os povos que aqui vive(ra)m.

O processo de ingestão e digestão – ou assimilação – pode ser considerado um dos meios de formação da identidade nacional brasileira proposta por Mário de Andrade em *Macunaíma*. O caráter de um povo também poderia ser avaliado verificando-se as bases de sua alimentação, e já que a rapsódia foi publicada no mesmo ano do *Manifesto antropófago* de Oswald de Andrade, torna-se difícil não reconhecer analogias entre as duas obras.

Macunaíma é o famoso "herói sem nenhum caráter", conquanto não lhe falte caráter. O "herói de nossa gente" reflete não uma, mas as várias influências que determinaram o caráter e a formação do povo brasileiro. As misturas de raças deram-se não somente no âmbito genético, mas também nas áreas linguística, musical, comportamental, e – por que não? – gastronômica.

As inúmeras repetições do verbo comer e seus sinônimos chamam a atenção sobre os alimentos ingeridos ao longo da saga de Macunaíma, e como a digestão – ou assimilação – destes alimentos pode ser significativa para o processo de construção do caráter "identidade" nacional brasileiro.

A antropofagia, a transformação do tabu em totem, defendida por Oswald de Andrade em seu *Manifesto antropófago*, vem sendo praticada

A cozinha futurista

há centenas de anos, desde os nossos ancestrais mais primitivos: entretanto ainda hoje podemos averiguar seus resquícios, seja de forma direta ou sublimada, como o Sacramento católico.

Padre Antonio Vieira traz desta forma a questão da Eucaristia:

> (...) o que alimenta, nutre, aumenta, e dá forças e vigor ao vivente, não é o comer que ele toma na boca, e recebe dentro de si, senão o que digere (...) o mesmo Cristo que no Sacramento se come, no Rosário se digere.[1]

Esta antropofagia está também ligada ao amor, pois o que todos os fiéis desejam não é viver no amor de Cristo?

Transportando-nos da cultura cristã para a indígena primitiva, encontramos em Frank Lestringant uma analogia entre um ritual antropofágico indígena e a Eucaristia:

> (...) os primeiros missionários do Novo Mundo perceberam a relação entre a antropofagia ritual e o sacramento da Eucaristia. O padre José de Acosta empregava o termo hóstia para designar a vítima dos sacrifícios astecas, que eram associados a uma prática antropofágica. (...) a palavra despertava inextricavelmente o sentido moderno do pão eucarístico, que, quando da missa, se convertia em corpo de Cristo.[2]

Mário de Andrade dedica grande atenção à alimentação de seus personagens na obra *Macunaíma*, alimentação que pode ser uma das bases da formação do caráter nacional. Alfredo Bosi, em sua *História concisa da*

---

1 Vieira, Pe. Antonio. *Sermões*. São Paulo: Hedra, 2001. p.34-36.
2 Lestringant, Frank. *O Canibal, grandeza e decadência*. Brasília: Editora Universidade de Brasília, 1997. p.95-96.

literatura brasileira, destaca que o protagonista é uma "(...) espécie de barro vital, ainda amorfo, a que o prazer e o medo vão mostrando os caminhos a seguir, desde o nascimento e as primeiras diabruras *glutonas e sensuais*"[3]. A gula aparece como um dos primeiros adjetivos dados ao herói, logo depois de sua preguiça e de seu apetite sexual (ainda assim, apetite).

Massaud Moisés afirma que, em *Macunaíma*, "imbricam-se crendices de vária extração e significado, num compósito heterogêneo que é bem o reflexo do Brasil e seus habitantes"[4]. Deste compósito, destaca-se aqui o gastronômico, já que as referências à ingestão – ou ausência dela – aparecem aproximadamente 130 vezes no decorrer do livro.

Poder-se-ia estabelecer uma divisão entre os diferentes tipos de ingestão, como a antropofágica, a ritual – seja por haver divisão de alimento pela família ou em ocasiões festivas – a medicinal, a metafórica ou sensual, e aquela para o fim mesmo da alimentação.

Talvez seja ainda possível reconhecer uma ingestão fatal, que acarreta a morte de alguns personagens: o filho de Macunaíma e de Ci morre após chupar o peito envenenado da mãe, o tico-tico morre após alimentar o Chupinzão, o boi morre por não poder ingerir mais nada após a sombra leprosa acocorar-se nele, o Gigante Piaimã morre em sua própria macarronada – em que "faltava queijo".

A antropofagia do livro resume-se a três episódios: no primeiro, Macunaíma tem seu dedão abocanhado e engolido por Sofará, mulher do irmão, mas sua amante; no segundo, o herói come a carne da perna do Currupira, moqueada; e no episódio final, Jiguê, transformado em sombra leprosa, come tudo e todos que estão em seu caminho. No entanto, são muitas as passagens em que há certa antropofagia, embora velada ou mascarada pelo clima de sedução. Enquanto Macunaíma

---

[3] Bosi, Alfredo. *História concisa da literatura brasileira*. São Paulo: Cultrix, 1992. p.398-399.

[4] Moisés, Massaud. *A literatura brasileira através dos textos*. São Paulo: Cultrix, 1991. p. 395.

A cozinha futurista

brinca com suas mulheres, mordidas misturam-se a beijos, e o amor muitas vezes torna-se deglutição. O verbo comer adquire duplo sentido, e o ato sexual pode também significar a assimilação do outro: "é duro passar de pessoas que se beijam a pessoas que se comem"[5], afirma Voltaire, enquanto Frank Lestringant diz que "o canibalismo constitui, de modo geral, uma maneira particularmente eficaz e direta de fazer unidade com o outro"[6].

A ingestão ritual remete às sociedades indígenas – em Macunaíma estamos na tribo dos tapanhumas – em que as refeições são comunitárias, e o alimento, dividido entre os indivíduos da tribo segundo determinada ordem. Lembre-se da passagem da anta capturada por Macunaíma, que é dividida, cabendo a ele as entranhas. André Thévet (1516?-1592) descreve uma das cerimônias de divisão do corpo de um inimigo capturado: "as tripas são dadas aos jovens machos e todos os miúdos são distribuídos entre as jovens mulheres"[7].

De fato, em Margaret Visser vemos que "os mitos sobre sacrifício nos dizem, com frequência, que o animal morto e comido toma o lugar da oferta sacrificial original, um ser humano"[8]. A família (tribo) de Macunaíma sempre divide as obrigações para obter o alimento e prepará-lo; somente o herói pensa individualmente e não hesita em comer sozinho a caça ou as frutas e raízes que encontra, ou de negar comida à própria mãe ao perceber que ela pretende dividir o alimento com os outros irmãos.

Esta alimentação ritual também aparece quando da morte da mãe, em que os irmãos passam a noite "bebendo oloniti e comendo carimã com peixe"[9], ou no jejum quebrado por Macunaíma quando nasce seu filho. Outro ritual importante no livro é o da macumba a que o herói comparece para resolver seu problema com Piaimã, que

---

5 O verbo brincar no texto tem conotação sexual, é um eufemismo utilizado por Mário de Andrade.
6 Lestringant, Frank. *Op. cit.* p. 216.
7 Thévet, André. *Histoire de deux voyages.* p. 279.
8 Visser, Margaret. *O ritual do jantar.* Rio de Janeiro: Campus, 1998. p. 33.
9 Andrade, Mário de. *Macunaíma.* São Paulo: Martins Fontes, 1975. p. 23.

termina com todos os participantes comendo o bode que havia sido oferecido em sacrifício.

A ingestão medicinal ocorre algumas vezes, salvando vidas e atenuando dores, sempre através da figura de Maanape, que é feiticeiro: suco de tamarindo para lombriga, chupar chave de rosário para curar sapinho, aguinha e reza cantada para o sarampo, remédios aconselhados para erisipela, engolir bagos de chumbo para não ter filhos, cozimento de broto de abacate para tuberculose.

Chamam ainda atenção as inúmeras vezes em que o herói tem medo de ser comido: Macunaíma teve medo de ser engolido pela cobra preta, pelo elevador e pelo carro; pela cabeça de Capei (que vira Lua), pelo Currupira, pelo Gigante Piaimã, pelo cesto do Gigante Piaimã, pelo Mianiquê-Teibê (assombração medonha), por Ceiuci e sua filha mais velha (as mulheres queriam comer o pato, que era Macunaíma), pela surucucu, por Oibê, pela família de Vesceslau Pietro Pietra (o herói tinha virado torresminhos que "bubuiava" em polenta fervendo; em outro momento, teve medo de ser comido na macarronada da família e, finalmente, teve que fugir para não ser comido pela sombra leprosa que era Jiguê).

Este medo de ser ingerido, engolido, assimilado pelo outro pode representar o medo de virar totem. Margaret Visser afirma que "por trás de toda regra de etiqueta da mesa está escondida a determinação de cada pessoa presente de ser um comensal e não uma iguaria"[10].

De fato, na passagem em que Macunaíma procura pouso no rancho de Oibê, o minhocão temível, após ser um comensal em sua mesa – onde comeu cará com feijão dentro, uma cuia com farinha d'água, uma pacuera inteira (sem mastigar) e um côco cheio de água –, Macunaíma teve medo de ser a iguaria. "Mas era só de brincadeira que ele [Oibê] queria comer o herói"[11]. Para escapar de Oibê, Macunaíma por quatro vezes fez "cosquinha na goela com o furabolo" e vomitou as

---

10 Visser, Margaret. *Op. cit.* p. 4.
11 Andrade, Mário de. *Op. cit.* p. 184.

A cozinha futurista

iguarias comidas: a farinha virou num areão, o cará virou num "tartarugal mexemexendo", o feijão e a água viraram num lamedo cheio de sapos-bois, e, por fim, a pacuera virou num periantã (barranco flutuante) em que o herói e a princesa escaparam.

O vômito não aparece somente nesta passagem, como forma de fugir de um perseguidor após comer seu alimento. Macunaíma já o havia feito para escapar do Currupira, que dera ao menino um pedaço de sua perna como isca, já que o pedaço de perna respondia ao chamado do dono, que "estava querendo mas era comer o herói"[12]. Para Lestringant, o vômito "exprime o valor simbólico ligado antes de tudo à ingestão de carne humana"[13], enquanto Lévi-Strauss analisa a "antropoemia" das sociedades desenvolvidas, que "vomitam, em lugar de ingerir, os indivíduos detentores de forças temíveis: criminosos, marginais, estrangeiros"[14].

Por fim, a alimentação como um fim em si mesma, a ingestão de alimentos para matar a fome e nutrir o corpo: um fato repetitivo, diário. Assim sendo, os personagens sentem fome todos os dias e precisam saciar esta necessidade. Mário de Andrade descreve os alimentos que fazem parte da rotina da tribo, mas também aqueles que aparecem para saciar a fome de "outras tribos". Esta lista nutricional é relevante, já que aqui aparece um interminável desfile de termos regionais, de palavras de origem indígena e outras importadas diretamente da Europa. Trata-se da identidade gastronômica nacional, fruto da mistura das diversas culturas que integram o povo brasileiro.

Da cultura negra, ingere-se o bode da macumba, em meio a muita cachaça. Da cultura indígena, comem-se frutas: bacuparis, pacova (banana), manga-jasmim, sapotas, sapotilhas, sapotis, bacuris, abricôs, mucajás, miritis, guabijus, melancias, articuns, coquinho baguaçu, pitomba, abacaxi, broto de abacate, abroba (gerimum); aves: um ma-

---

12 Idem, Ibidem. p. 20.
13 Lestringant, Frank. *Op. cit.* p. 182.
14 Lévi-Strauss, Claude. *Tristes tropiques*, p. 418.

cuco, jaós, mutuns (mutum-de-vargem, mutum-de-fava, mutuporanga, urus, urumutum), jacu, jacutinga, picota, piaçoca, um pato seco de Marajó, tabuí; símios: um macaco, guaribas; raízes/leguminosas e seus derivados: tacacá com tucupi, mocororó, bolo de aipim, beiju membeca (beiju mole), macacheira, cará com feijão dentro, farinha d'água, raiz de umbu, milho; plantas alucinógenas: ipadu, cigarros de palha de tauari, maniveira, fumo; moluscos: fritada de sururu de Maceió; peixes: tambiús, lambaris, pacu, cascudo, bagre, jundiá, tucunaré; caças: veado-catingueiro, tatu-canastra, veado, cotia, tamanduá, capivara, talus, aperemas, pacas, graxains, lontras, muçuãs, catetos, monos, tejus, queixadas, antas, onças, onça-pinima, a papa-viado, a jaguatirica, suçuarana, canguaçu, pixuna; heranças do canibalismo autóctone: sopa feita com um paulista, os olhos da tigre, os estradeiros, a pacuera (entranhas de caças), a perna do Curupira.

Dos europeus, temos a lagosta, o torresmo e a polenta, uísque, quiânti, café, os esplêndidos bombons Falchi, leite da vaca Guzerá (raça bovina vinda da Índia), presunto, ratos chamuscados, perdizes, robalos, vidros-de-perfume e caviar, coelhos, "champagna", rendas, cogumelos e rãs, licor, sanduíches, um motor, gasolina, macarronada (com o chofer e seu sangue como molho), churrasco.

Embora os nomes indígenas prevaleçam, podemos atribuir isso ao fato de grande parte da flora e fauna brasileiras, extremamente diversas da europeia, terem herdado o nome utilizado pelos índios, e não porque Mário de Andrade considerasse a influência indígena mais forte que a negra ou a branca.

Assim como os três manos, Macunaíma, Maanape e Jiguê, após terem se lavado na cova do pezão do Sumé (São Tomé), mudaram de cor e passaram a representar as três raças formadoras do povo brasileiro, estas também se encontram registradas por meio de suas influências gastronômicas. A contribuição de cada povo serviu para realizar a grande festa que é a culinária brasileira, única em sua variedade de cores, cheiros e inspirações, mas todas elas formadoras da identidade nacional. Em "Romance do Veludo"[15], texto publicado em 1928, Mário corroborava a opinião da confusão de valores instaurada no Brasil por sua mistura étnica, atingindo até a culinária.

> O Romance do Veludo é um documento curioso da nossa mixórdia étnica. Quer como literatura quer como música, dançam nele portugas, africanos, espanhóis e já brasileiros, se acomodando com as circunstâncias do Brasil. Gosto muito desses cocteis. Por mais forte e indigesta que seja a mistura, os elementos que entram nela afinal são todos iromuguanas e a droga é bem digerida pelo estômago brasileiro, acostumado com os chinfrins da pimenta, do tutu, do dendê, da caninha e outros palimpsestos que escondem a moleza nossa.[16]

Em outras obras de Mario de Andrade também é possível verificar a importância destinada à ingestão de alimentos ou aos rituais que circundam a alimentação. Comecemos pela obra inacabada O banquete, hoje publicada em formato livro. Os textos foram publicados às quintas-feiras na Folha da Manhã, sob o título de "Mundo musical", desde maio de 1943 até sua morte, em 25 de fevereiro de 1945. Trata-se de crônicas musicais, mas com estilo completamente livre, em que se discutem com a mesma paixão a arte, o folclore, o processo de criação, a situação dos músicos e das pessoas interessadas – por razões as mais diversas – em proteger a arte e os artistas nacionais.

Numa alusão ao Banquete de Platão, Mário de Andrade toma a refeição como o momento propício para que assuntos importantes sejam

---

15 Andrade, Mário de. "Romance do Veludo". Revista de Antropofagia, 1ª dentição, São Paulo, agosto de 1928.
16 Revista de Antropofagia, 1a. dentição, n. 4, ago. 1928.

discutidos, já que todos encontram-se reunidos em torno de uma mesa, com um objetivo comum: saciar a fome e compartilhar o alimento e os prazeres advindos destes.

À mesa, o discurso adquire um tom menos formal, facilitando aos convivas a explanação de suas opiniões e desobrigando-os das responsabilidades de um confronto intelectual. Outro fator relevante é a possibilidade de se determinar o nível cultural de uma pessoa por meio de suas maneiras à mesa. Comer é algo agressivo por natureza e os utensílios requeridos para o ato poderiam rapidamente transformar-se em armas. As maneiras à mesa são, no fundamental, "um sistema de tabus, projetado para que a violência fique fora de questão."[17]. Ora, temos assim em qualquer refeição um cenário ideal para o desenrolar de um texto.

Na fictícia cidade de Mentira, cinco personagens encontram-se para um banquete oferecido pela milionária americana Sarah Light com o intuito de obter proteção governamental para o jovem músico nacional Janjão. O político Félix de Cima e a virtuose Siomara Ponga são os convidados pertencentes à classe dominante (vale observar que apenas a classe dominante tem nome completo) e que auxiliaram Sarah em sua empreitada. Janjão é o músico pobre e quase anônimo que precisa ser protegido para que possa continuar a produzir sua arte. Pastor Fido é um estudante, único personagem sem amarras políticas, que pode dizer o que realmente pensa sem temores de que o grande objetivo do banquete pereça.

Além das teorias sobre música ou arte, é bastante interessante observar o itinerário dos comes e bebes servidos durante as discussões: os capítulos têm como subtítulos a parte do banquete a que se referem. Se os capítulos I (Abertura), II (Encontro no Parque) e III (Jardim de Inverno) precedem a comilança por tratarem da apresentação dos personagens, a partir do capítulo IV (Aperitivo) é o ritual da refeição que

---

[17] Visser, Margareth. *Op. cit.* p. xiii.

A cozinha futurista

dita o tom das discussões. Seguem-se Vatapá (cap. V), Salada (cap.VI) e viriam ainda Doce de Coco e Frutas (cap. VII), O Passeio em Pássaros (cap.VII), Café Pequeno (cap. IX) e As Despedidas (cap. X). Pode-se, aqui, estabelecer um paralelo com a série "Moquém", de Oswaldo Costa, publicada na *Revista de Antropofagia* entre 7 de abril e 8 de maio de 1928. Nesta série, Oswaldo discute os rumos do modernismo em forma mascarada de refeição, já que os cinco textos que a compõem são intitulados: I – Aperitivo, II – Hors d'oeuvre, III – Entradas, IV – Sobremesa e V – Cafezinho.[18]

Na obra *Aspectos da literatura brasileira*, encontramos um texto de fundamental importância para o modernismo brasileiro, justamente aquele em que Mário de Andrade analisa "O movimento modernista", vinte anos após a Semana de Arte Moderna. Aqui, o autor comenta o que talvez tenha sido fonte de inspiração às crônicas musicais da *Folha da Manhã*: os salões em que se reuniam artistas e intelectuais, para, em torno de uma refeição, discutir arte e realidade brasileira. Mário descreve alguns salões de vital importância para os jovens modernistas, como "o salão da Avenida Higienópolis que era o mais selecionado. Tinha por pretexto o almoço dominical, maravilha de comida lusobrasileira" ou o salão da Rua Duque de Caxias, onde "o culto da tradição era firme, dentro do maior modernismo. A cozinha, de cunho afrobrasileiro, aparecia em almoços e jantares perfeitíssimos de composição"[19]

Voltando ao *Banquete* de Mário, foram servidos como aperitivo Porto e "Cocktail Verde e Amarelo", sendo este último o recomendado pela anfitriã por acompanhar melhor alguns pratos fortes do Brasil que seriam servidos. O político provou do cocktail e constatou se tratar de uma legítima batida paulista, feita de caninha (em alambique de barro, fabricação particular), limão (que pelo menos disfarça o cheiro fatigante

---

18 *Revista de Antropofagia*, 2a. dentição, n. 04 - 08
19 Andrade, Mario de. "O movimento modernista" in. *Aspectos da literatura brasileira*. São Paulo: Martins Fontes, Brasília: INL, 1972.

da caninha e não se mistura com ele) e um pouco de açúcar verdadeiro (mas um pouco só, como nesta batida).

No Vatapá, os sabores delicados do peixe e do camarão fresco unem-se trêmulos à tempestade dos temperos, ao camarão seco, ao dendê. "É uma delícia da língua, até do paladar dos dentes (...) Eu não sei como explicar... mas vocês homens, já perceberam como é gostoso no meio da multidão a gente se encostar numa mulher..."[20] Vê-se aqui, além da aproximação do prazer proporcionado pela comida ao prazer sensual instigado pela mulher, a utilização de um vocabulário que remete ao utilizado por Marinetti na introdução de seu livro *A Cozinha Futurista*: "E brilhava de uma sua penugem açucarada excitando o esmalte dos dentes nas bocas atentas dos dois companheiros", ou "ajoelhando-se em frente, começou a amorosa adoração com os lábios, a língua e os dentes"[21].

Numa época de escassez devida à Guerra, temos a descrição, ainda, de um prato chamado "Balé do Racionamento". Era um Chateaubriand,

> mas em vez de batatinhas: pequenos pedaços de queijo assados na brasa; em vez de cogumelos: leite coalhado em cápsulas salgadinhas. Vinha um prato de salada junto, todos se enganaram. Alface, aspargo, palmito, tudo feito com massa de açúcar pintada, foi muito divertido. Está claro que ninguém comeu isso, mas a carne estava miraculosa[22].

Outra vez podemos estabelecer um paralelo com Marinetti: a utilização de gêneros alimentícios alternativos aos que faltavam em tempos de guerra – a polêmica proposta marinettiana de abolir o macarrão tem sua base na elevação de preço do trigo durante a

---

20 Andrade, Mario de. *O banquete*. São Paulo: Duas Cidades, 1989. p. 123.
21 Marinetti, F.T. *A cozinha futurista*, Tradução em português, p. 07 e 11.
22 Andrade, Mario de. *O Banquete...* p. 125.

guerra –, cozinheiros tornando-se verdadeiros artistas (neste caso, para suprir com a arte a falta de certos produtos).

Chegamos finalmente à Salada, prato principal do banquete de Sarah Light. A salada, norte-americana, era uma salada fria, mas uma salada colossal, a maior do mundo. "Não tinha cheiro nenhum, mas como era bonita e chamariz!" A descrição aparece em total oposição ao prato anterior, o vatapá, que era:

> feioso e monótono na aparência, não fazia vista alguma com seus tons de um terra baço, mas que cheirava. Espalhara na sala um cheiro vigoroso que envolvera os presentes no favor das mais tropicais miragens. Bravio, bravo, aquele cheiro. Áspero. Mas tão cheio, tão nutrido e convicto, que se percebia nele a paciência das enormes tradições sedimentadas, a malícia das experiências sensuais, os caminhos percorridos pelo sacrifício de centenas de gerações. O cheiro do vatapá vos trazia aquele sossego das coisas imutáveis[23].

A salada aparece como alegoria: é norte-americana, mas já personalizada pelo tom local. Todas as cores estão nela representadas, especialmente os verdes. "Tinha mil cores, com mentira e tudo." Era o prato preferido da milionária, "um coroamento da sua existência de comestível espiritual (desculpem)"[24]. A essa salada, todos, exceto Janjão, entregam-se. Felix é descrito como um animal, que resfolegava em cima da salada. Seus olhos a cheiravam, e o prato foi comido, manducado por ele antes mesmo que suas mãos o tocassem, seus olhos haviam engolido a salada. Siomara Ponga, cuja carreira a impedia de gostar de qualquer coisa, estava encantada com o furor quase mítico do prato. Pastor Fido, o

---

23 Andrade, Mario de. *Op. cit.* p. 159.
24 Andrade, Mario de. *Op. cit.* p.159.

moço estudante, não conseguira resistir à atração da salada e se servira de todas aquelas cores, embora não se tivesse entregado totalmente ao prato em que havia até sorvete de creme e suco de pedregulho!

Entre perdiz desfiada, alface muito clara e casca ralada de maçãs, todas as vitaminas salutares, havia também pecados: leite de cabra, por causa de Gandhi; porco, bicho nacional dos celtas, mas encapsulado em farinha de trigo, em respeito aos judeus; gemas de ovo libertas da perigosa albumina e avelãs recobertas de cacau sem açúcar. "Tinha de tudo. Era o prato mais odioso e ao mesmo tempo mais simpático do mundo. Era um prato inteiramente novo, incapaz de caráter"[25].

Este prato, sem caráter, foi descrito, de acordo com os personagens respectivamente como: o prato mais lindo do mundo, a salada mais sem perfume porém mais vistosa do mundo, a salada mais carcomedora do mundo, a salada mais encantatória do mundo, o prato mais alcoolizador que havia agora no mundo, a salada mais traiçoeira do mundo, o prato mais odioso e ao mesmo tempo mais simpático do mundo (e dominava a gente).

Um pouco anterior ao *Banquete* é o conto "O peru de natal", escrito entre 1938 e 1942 e publicado no livro *Contos novos*. Neste texto também temos uma refeição como temática central, embora aqui seja o prazer proporcionado pela iguaria a ser ingerida mais forte que a batalha emocional que se dá à mesa. Ao menos, a comida vence a batalha.

Juca sempre foi considerado doido pela família, isso lhe dava certos privilégios de ideias inovadoras. Após a morte do pai, Juca pede que seja feito peru no Natal, apenas para os familiares, que contam cinco pessoas: ele, um irmão, uma irmã, a mãe e a tia. Assim, a mãe poderia finalmente comer peru, e não apenas o que sobrava na ossada após as festas que davam enquanto o pai era vivo. Juca assumia para si a culpa dos desejos de todos da casa, mas já que era considerado doido, não havia culpa.

À mesa, o peru, perfeito, a carne mansa de um tecido muito tênue; duas farofas, uma gorda com os miúdos, ameixas e nozes, e outra seca,

---

[25] Andrade, Mario de. *Op. cit.* p. 162.

douradinha, com bastante manteiga; e a sombra do pai. Quase a ceia de Natal é estragada pela lembrança do pai. Trava-se uma luta entre os dois mortos: o pai e o peru. O peru vence, com o auxílio de Juca, e todos passam a comer com sensualidade, gozando os prazeres daquela carne macia acompanhada por cerveja. Todos desfrutam de uma felicidade gustativa, como diz o autor, e após essa felicidade, dividida com todos os familiares que puderam comer até se fartar, Juca passa à felicidade individual e vai ao encontro de Rose.

Mais uma vez, o prazer gustativo e o prazer carnal se aproximam, existe sensualidade no ato de ingerir a iguaria desejada há muito tempo, e essa sensualidade é reafirmada ao partir o narrador, Juca, para um encontro amoroso. Como em *Macunaíma*, n'*O banquete* e em "O peru de natal", há uma contaminação do vocabulário referente aos prazeres gustativo e sexual.

Outras referências gastronômicas podem ser encontradas na obra poética de Mário de Andrade, entretanto pareceram mais relevantes em três. A primeira, em "Lenda do céu"[26], em que um menino vai ao céu levado por uma andorinha, e lá chegando, em meio a mil maravilhas, constata que "tinha mandioca e açaí/ Mate cana arroz café/ muita banana e feijão/ Milho cacau ... Tinha até". No céu marioandradino, as iguarias são todas brasileiras, com forte cunho nacionalista; por extensão, Mário de Andrade considera as comidas do Brasil paradisíacas.

Em outro poema, este pertencente à série "Lira paulistana", Mário de Andrade revela o destino que se deve dar ao seu corpo após a morte. Numa declaração de amor à cidade de São Paulo, quer que seus restos mortais sejam enterrados em diferentes partes da cidade, para que, mesmo após a morte, possa continuar gozando as delícias de sua terra natal. Numa espécie de divisão ritual, Mário destrincha o próprio corpo, destinando os pés à rua Aurora, o sexo ao Paiçandu, a cabeça

---

26 Andrade, Mario de. "Lenda do Céu". in: *Poesias completas*. Belo Horizonte: Vila Rica, 1993.

à Lopes Chaves, o coração ao Pátio do Colégio, o ouvido direito ao Correio, o esquerdo aos telégrafos, o nariz aos rosais, a língua ao alto do Ipiranga, os olhos ao Jaraguá, o joelho à Universidade, as mãos que ficassem "por aí", as tripas pro Diabo "que o espírito será de Deus"[27].

Podemos ainda encontrar resquícios pantagruélicos em "Ode ao burguês", poema de 1920-1921, escrito pelo mesmo Mário de Andrade, em que o alimento auxilia na constituição do típico burguês, um homem que, sendo francês, brasileiro, italiano, é sempre um cauteloso pouco a pouco. Cauteloso porque mescla várias culturas, aproximando-se da salada de Sarah Light, e, através desta, de Macunaíma, sem caráter. O burguês indigesto de São Paulo é tão sem caráter quanto Macunaíma.

Entretanto, este poema intitulado ode (teoricamente uma poesia de elogio) demostra o ódio do autor contra o burguês. Macunaíma não parece em momento algum causar ódio no autor, provavelmente por sua ingenuidade de herói emprestado de uma mitologia indígena. Macunaíma é fruto da mistura de tradições, é índio, mas absorve a cultura africana e é contaminado pela europeia. Não havia modo de o herói ser diferente. O burguês, mais consciente de sua "importância" na sociedade, não goza dos mesmos privilégios de simpatia que Macunaíma. O burguês é insultado em sua formação cultural, intelectual e física:

> O burguês níquel,/ o burguês-burguês!/ A digestão bem-feita de São Paulo!/ O homem-curva! O homem-nádegas!/ (...) Eu insulto o burguês funesto!/ O indigesto feijão com toucinho, dono das tradições!/ (...) Come! Come-te a ti mesmo, oh! gelatina pasma!/ Oh purée de batatas morais![28].

---

[27] Lembremo-nos de que as tripas, ritualmente, eram destinadas às crianças e, na divisão da primeira anta caçada por Macunaíma, foi a parte que coube ao malfadado herói.

[28] Andrade, Mário de. *Poesias completas*...p. 84-88

A cozinha futurista

Mario de Andrade faz o retrato da burguesia paulista da época, aparências contando mais que conteúdo moral ou cultural, tradições vazias de significado, homens cheios apenas de comida insossa; Mário condena, portanto, este burguês à autofagia. Sua carne não é boa o bastante para ser comida por outrem. Passemos à carne do Bispo Sardinha!

Oswald canibal de Andrade

>   Comidas
>   O horizonte reto
>   Metodicamente
>   Jantou
>   O sol
>   (Julio Paternostro)[29]

Dezesseis de junho de 1556. Data da deglutição do Bispo Sardinha. Os índios caetés devoram o primeiro bispo do Brasil, dom Pedro Fernandes de Sardinha e 90 tripulantes que naufragaram com ele na região. Apropriam-se dele, de seu poder, de sua força. O estrangeiro não era mais ameaça, havia virado churrasco[30].

---

29 *Revista de Antropofagia*, n. 10.

30 Apesar de versões que negam que o bispo Sardinha tenha sido comido pelos índios, a tese sobre o "banquete" encontra respaldo em documentos históricos, como cartas de jesuítas da época. Alguns historiadores levantam a hipótese de que o bispo teria sido assassinado por homens da guarda do então governador-geral, Duarte da Costa, a quem Sardinha vinha criticando publicamente, segundo o historiador Douglas Aprato, da Universidade Federal de Alagoas. De acordo com o historiador Moacir Soares Pereira, Sardinha foi devorado por índios, mas não os caetés nem em Alagoas. Na versão dele, o bispo foi alvo de tupinambás em território sergipano.

Oswald de Andrade prega o retorno ao homem natural – do Brasil, certamente – que se desvencilha dos inimigos ingerindo-os, assimilando assim os valores antes temidos. O *Manifesto antropófago* surgiu em 1928, publicado no primeiro número da *Revista de Antropofagia*, e marca o início de uma escola literária. Divergindo em sucessivas batalhas intelectuais de escritores – modernistas ou não – e de outras escolas como o VerdeAmarelo e a Escola da Anta, a antropofagia parece ter sido a mais radical das tendências da época.

> Só a antropofagia nos une. Socialmente. Economicamente. Filosoficamente. (...) Só me interessa o que não é meu. Lei do homem. Lei do antropófago. (...) A transformação permanente do Tabu em totem. (...) Antropofagia. Absorção do inimigo sacro. Para transformá-lo em totem. A humana aventura. A terrena finalidade...[31]

Das sucessivas leituras feitas para melhor compreender a obra de Marinetti, uma curiosidade persistia: haveria a antropofagia oswaldiana nascido num berço futurista? O *Manifesto antropófago* foi publicado em 1928, portanto precedeu em dois anos o *Manifesto da cozinha futurista*, de 1930. A diferença factual de dois anos poderia descartar a hipótese, mas, ainda na linha de "coincidências" entre os dois autores, verificamos que ambos têm um livro relacionado de alguma forma à gastronomia anteriormente ao manifesto: Oswald de Andrade escreveu, com alguns amigos, *O Perfeito Cozinheiro das Almas deste Mundo* durante o ano de 1918. Já Marinetti havia escrito *Le Roi Bombance*, uma tragédia gastronômica pantagruélica em 1905. Ainda que as datas neguem a influência direta em Oswald, as aproximações são pertinentes.

---

[31] Andrade, Oswald de. "Manifesto antropófago", *Revista de Antropofagia*, 1ª. dentição, n. 1.

A cozinha futurista

Apesar de não se relacionar com a culinária, o título da obra de Oswald compactua com esta. Já na primeira página, João de Barros explicita qual é o objetivo do caderno-livro-diário: fornecer receitas para que as almas matem sua fome de experiência e sua fome de ilusão. Criar "o cardápio perfeito para o banquete da vida. Comendo assim, as almas sãs se farão robustas e as doentes susterão, com grande encanto e surpresa, a marcha de seus males".

À página 104, temos um texto assinado com o pseudônimo de Dragoras, intitulado "Receitas Sentimentais", com alguns conselhos para as almas: "amemos sempre. Envelheçamos devagar. – Há diversas maneiras de amar. Existe uma apenas de envelhecer contente". Após o texto, que ocupa quase toda uma página, temos a "1ª receita", esta mais aproximada a uma receita médica:

Recipe – Eu te amei ãã   0,0005
Tu não me amavas   0,15
Eu já não amo   50,00
Tu és má   0,33

Em cápsulas, nas horas de imbecilidade, x ao dia.[32]

Se faltam os ingredientes para aproximá-lo de um livro de cozinha, não faltam modos de preparo. O livro é um diário de uma *garçonnière* que Oswald mantinha na rua Líbero Badaró, 67, 3º. andar sala 2, no ano de 1918-19. Esta *garçonnière* servia como ponto de encontro para amigos, artistas e intelectuais da época, à moda dos famosos salões já citados. Dentre eles, apenas uma mulher, figura dominante de *O perfeito Cozinheiro*: Deisi (Dasy, na grafia de Oswald de Andrade), a quem chamam

---

[32] Andrade, Oswald de. *O perfeito cozinheiro das almas deste mundo*. São Paulo: Globo, 1992.

de Miss Cíclone. "Há uma espécie de paixão coletiva por Deisi, que é amante de Oswald"[33]. Novamente, o amor visita a cozinha.

Todos os amigos que frequentavam o local contribuíam com o diário, todos nele escreviam, também todos traziam e colavam cartas, bilhetes, recortes de jornais, charges da imprensa e, numa espécie de pastiche, de colcha de retalhos, produziram o livro-diário. Pois foi do mesmo modo formada a cultura brasileira. A tradição gastronômica de nosso país apresenta a mesma característica de assimilação das influências diversas para daí resultar em um produto original. Oswald, em 1918, já havia praticado o que só viria a teorizar dez anos depois, a antropofagia.

Na realidade, ocorre até mesmo um banquete antropofágico na obra. À página 194, embaixo de uma foto que retrata muitas pessoas em volta de uma longa mesa ao ar livre, lê-se a inscrição: "– Lobato, foste o cordeirinho pascal dessa farra de quaresma". Provável ironia ao almoço que havia sido oferecido a Monteiro Lobato, o "príncipe de nossa prosa", a que se refere um recorte de jornal colado na página 172.

Como observa Mario da Silva Brito, é possível reconhecer nesta obra um esboço do que seriam as características da obra oswaldiana – "o processo fragmentário, a visão de crimes e traições, os nomes grotescos ou humorísticos, o gosto pelo trocadilho, o amor pelas situações insólitas e imprevistas com tons de sátira e humor"[34].

A *Cozinha Futurista*, de Marinetti e Fillìa, também pode ser comparada a O *Perfeito Cozinheiro* sob o aspecto estrutural. Se O *Perfeito Cozinheiro* é um pastiche de recortes de jornal, cartas, bilhetes etc., A *Cozinha Futurista* não dista deste modelo de criação literária, já que é composta da recolha de vários documentos relacionados ao *Manifesto da cozinha futurista*.

---

[33] Silva Brito, Mário da. Prefácio a O *perfeito cozinheiro das almas deste mundo*. Ed Globo, p. VIII.

[34] Ibidem p. XI-XII

A cozinha futurista

Esta obra gastronômica de Marinetti é composta por um texto que poderíamos considerar literário – uma refeição que evitou um suicídio, o poético antefato tragicômico –, o manifesto, a polêmica por este suscitada e publicada em diferentes jornais e revistas, as cartas de pessoas contra ou a favor do movimento, os cardápios apresentados nos vários banquetes futuristas que foram oferecidos por ocasião do manifesto e da inauguração do restaurante futurista de Turim (o Santopaladar), outros cardápios futuristas criados pelos representantes do movimento, receitas futuristas e um pequeno dicionário que auxiliaria um leigo a compreender a obra e a revolução proposta. Pastiche também ele.

Diferenças existem, por certo, mas excetuando a forma, muito mais privilegiada na obra de Oswald, que manteve a aparência de "álbum de colagem" e a caligrafia manual, e pouco aproveitada em Marinetti, que se limitou a reproduzir o conteúdo dos textos jornalísticos e dos cardápios sem todavia apresentar ao leitor a forma original, os métodos de produção se equivalem.

Oswald fez sua primeira obra "antropofágica" em 1918, Marinetti utilizou o mesmo processo – a colagem – em 1930. Valendo-nos de Padre Antonio Vieira, podemos dizer que Marinetti procedeu à ingestão, mas faltou-lhe a digestão dos elementos previamente ingeridos.

O livro publicado por Oswald de Andrade em 1924, *Memórias Sentimentais de João Miramar*, traz de volta à literatura um dos pseudônimos (Miramar era Oswald) que comparecem com bastante frequência em O *Perfeito Cozinheiro das Almas deste Mundo*. A obra provocou polêmica ao mesclar poesia e prosa numa atitude inovadora para com a língua. Temos, nesta obra, algumas poucas referências à gastronomia, mas são apenas fatos corriqueiros sem nenhuma aparente relação com a antropofagia.

No mesmo ano, Oswald lança o *Manifesto Pau-Brasil*, que resultará na publicação de *Poesia Pau-Brasil*, em 1925. Buscando a originalidade nativa nos fatos pictóricos, folclóricos, étnicos, econômicos, linguísticos ou culinários (A cozinha. O vatapá...), o *Manifesto Pau-*

Brasil funda a poesia de exportação, produzida no Brasil, com os ingredientes de que dispomos, todos bem assimilados e digeridos. "Sem reminiscências livrescas. Sem comparações de apoio. Sem pesquisa etimológica. Sem ontologia."[35]

Mais uma vez, estabeleceu-se um paralelo entre os dois autores: as discussões para batizar o movimento artístico dos rapazes de São Paulo cogitaram o termo "futurismo", que foi rejeitado enquanto "marinettismo". No entanto, em 1925 Mário de Andrade diria numa carta a Sérgio Milliet: "Essa invenção Pau brasil do nosso Oswald é uma espécie de futurismo de Marinetti. Toda a gente está lá dentro."

O livro *Poesia Pau-Brasil* começa com uma leitura pessoal feita por Oswald sobre a História do Brasil. Excertos de historiadores famosos, como Pero Vaz de Caminha ou Fernão de Magalhães são sistematicamente recortados, adquirindo assim novo sentido ou poder de persuasão ao serem lidos aos pedaços, apenas frases selecionadas engenhosamente.

Nesta obra, muitas são as referências a iguarias nativas, frutos tropicais desconhecidos pelos europeus. Em "Gandavo", temos referências ao ananás, a pepinos romãs e figos, a cidras limões e laranjas e à cana-de-açúcar. Produtos que serão exportados à Europa. Poesia de exportação.

Em "Poemas da colonização", o poema "A roça" nos traz uma descrição da alimentação dos negros que trabalhavam nas fazendas. Apesar de ser composta por ingredientes simples, humildes, note-se a força de trabalho destes ao final do poema:

> A ROÇA
> Os cem negros da fazenda
> Comiam feijão e angu
> Abóbora chicória e cambuquira
> Pegavam uma roda de carro
> Nos braços

---

35 Andrade, Oswald de. *Manifesto da Poesia Pau-Brasil, Revista de Antropofagia*, 1ª. dentição, n. 01.

A cozinha futurista

Em "rp 1", o poema "Walzertraum"[36] diz que "aqui dá arroz/ feijão batata/ Leitão e patarata", e tem o "trem leiteiro/ que leva leite para todos os bebês do Rio de Janeiro". As referências gastronômicas são sempre feitas a produtos nacionais, nativos. Entretanto, em "Postes da Light", um poema já prenuncia a antropofagia oswaldiana:

> DIGESTÃO
> A couve mineira tem gosto de bife inglês
> Depois do café e da pinga
> O gozo de acender a palha
> Enrolando o fumo
> De Barbacena ou de Goiás
> Cigarro cavado
> Conversa sentada[37]

Ingredientes brasileiros com gosto de comida estrangeira. O estrangeiro sendo misturado ao café e à pinga, preferências nacionais, uma mistura que revela o caráter do povo brasileiro, que assimila as influências para transformá-las em originalidade.

Numa amigável intriga literária, Mário de Andrade divulga em 1925 um poema em homenagem ao amigo Oswald, que acabara de anunciar o noivado com Tarsila, após alguns anos de relacionamento mal explicado à sociedade:

> Pegue-se 3 litros do visgo da amizade
> Ajunte-se 3 quilos do açúcar cristalizado da admiração
> Perfume-se com 5 tragos da pinga do entusiasmo

---

[36] Numa tradução tendenciosa: "Sonho de Valsa", nosso chocolate tão nacional.
[37] Os três poemas citados estão em Andrade, Oswald de. *Pau-Brasil*. São Paulo: Globo, 2000.

M.L. Mancinelli

>Mexa-se até ficar melado bem pegajento
>E engula-se tudo de uma vez
>Como adesão do Mário de Andrade
>Ao almoço
>Pra
>Tarsila
>E
>Oswaldo
>Amém.

A resposta de Oswald também vem em forma de poema – paródia publicada em *Serafim Ponte Grande*, sob o título "O Amor-Poesia Futurista"–, ambos aludindo a receitas, com ingredientes e modo de fazer ou ministrar:

>Tome-se duas dúzias de beijocas
>Acrescente-se uma dose de manteiga do desejo
>Adicione-se três gramas de polvilho do Ciúme
>Deite-se quatro colheres de açúcar da Melancolia
>Coloque-se dois ovos
>Agite-se com o braço da Fatalidade
>E dê de duas horas em duas horas marcadas
>No relógio de um ponteiro só!

A *Revista de Antropofagia*, hoje compilada num único volume, teve duas dentições: a primeira teve dez números em formato revista, com oito páginas, que foram editados de maio de 1928 a fevereiro de 1929, sob a direção de Antonio Alcântara Machado e gerência de Raul Bopp; a segunda era limitada a uma página do *Diário de São Paulo*, cedida aos antropófagos pelo editor do jornal, Rubens do Amaral. Foram 16 páginas, publicadas semanalmente, de 17 de março a 1º. de agosto de 1929.

Além da referência gastronômica óbvia no nome da revista, vários artigos anunciam os jantares nos quais certas figuras da sociedade seriam deglutidas. Poetas sem brilho, intelectuais que não compreendiam os rumos da literatura modernista, todos seriam ingeridos para reforçar o movimento antropofágico. Às vezes, a carne destes é oferecida no açougue, para que todos os que assim desejam possam participar da comunhão desses tabus. Até que virem totens.

A antropofagia, simbólica em algumas sociedades, real em outras, coloca o ser humano em contato com seus antepassados, com as raízes, com o primitivo e natural, por conseguinte, com a verdade de seu povo. Escreveu Oswald de Andrade que devemos "admitir a macumba e a missa do gallo. Tudo no fundo é a mesma coisa". Ou ainda:

> É a comunhão adotada por todas as religiões. O índio comungava a carne viva, real. O catolicismo instituiu a mesma coisa, porém acovardou-se, mascarando o nosso símbolo. Veja só que vigor: – Lá vem a nossa comida pulando! E a "comida" dizia: "come essa carne porque vai sentir nela o gosto do sangue dos teus antepassados.
>
> (Só comiam os fortes). Hans Staden salvou-se porque chorou. O club de Antropophagia quer agregar todos os elementos sérios. Precisamos rever tudo – o idioma, o direito de propriedade, a família, a necessidade de divórcio –, escrever como se fala, sinceridade máxima.[38]

---

38 *Revista de antropofagia*, n. 5, p. 3.

M.L. Mancinelli

Segundo Annateresa Fabris,

> há diferenças psicológicas entre a eliminação física do adversário de maneira 'científica' (a cadeira elétrica de Lacerba) e sua deglutição, num gesto de comunhão e de exorcismo ao mesmo tempo, no cardápio antropofágico, em geral indigesto, mas a ser consumido necessariamente para criar uma nova ordem de coisas no Brasil[39].

Benedito Nunes afirma que "a antropofagia transportou para o campo das ideias políticas e sociais o espírito de insurreição artística e literária do Modernismo", ou ainda: "A arte é um meio de 'devorar' o conteúdo trágico da vida, transformando todos os tabus em totens, isto é, em valores humanos e em obras de arte"[40].

Outros colaboradores da revista também tinham suas preocupações gastronômicas, talvez com um paladar um pouco mais "modernizado" do que o defendido por Oswald. Ascenso Ferreira, em seu poema intitulado "Bahia", define a tradição de sua terra através dos pratos típicos – vatapá, caruru, acaçá, oxinxin, abará, acarajé, efó – e pela negação das iguarias estrangeiras: "te dana Petit-pois/ te dana Macarrão/ te dana paté-de-fois-gras!/ Viva o caruru".

No decorrer dos números da revista, várias vezes volta à discussão a tradição indígena, sob diversos nomes (ou pseudônimos): "se há uma coisa vinculada à alma brasileira é este pequeno e inocente vício guloso que levava a velha índia convertida a pedir *in extremis* ao seu confessor um dedinho de curumim a chupar!" (Ubaldino de Senra), ou "os índios não comem a carne de seus inimigos ou chefes com intenção gastronômica. Comem porque pensam mastigar também o valor do comido – comidos voluntários, quase todos" (China).

---

39 Fabris, Annateresa. *O futurismo paulista*. São Paulo, Perspectiva/ EDUSP, 1994. p. 277.
40 Nunes, Benedito. *Oswald canibal*. São Paulo: Perspectiva, 1979. p. 51 e 66.

A cozinha futurista

O *Manifesto antropófago* é de 1928 e, portanto, também este anterior ao *Manifesto da cozinha futurista*. Talvez Marinetti tenha sabido da existência da antropofagia e tenha resolvido imbricar-se nesta área, entendida por ele como culinária. Talvez nenhum deles tenha sabido da existência desses manifestos quase "afins". Entretanto, a comparação faz-se inevitável, não apenas no conteúdo transformador, mas também no estilo telegráfico, na supressão da pontução e no tom provocatório:

No manifesto de Marinetti, afirma-se: "sentimos além disso a necessidade de impedir que o Italiano torne-se cúbico maciço enchumbado por uma compactação opaca e cega", exige-se "a abolição do cotidianismo medíocre nos prazeres do palato" ou afirma-se que "os defensores do macarrão carregam a bola ou a ruína no estômago, como prisioneiros ou arqueólogos".

Comparemos com o *Manifesto Antropófago*, de Oswald: "Somos concretistas. As ideias tomam conta, reagem, queimam gente nas praças públicas. Suprimamos as ideias e as outras paralisias." Ou "Contra todos os importadores de consciência enlatada. (...) Contra as sublimações antagônicas. Trazidas nas caravelas. Contra a verdade dos povos missionários (...) – É mentira muitas vezes repetida".

Temos aqui o uso da primeira pessoa do plural – nós – que engloba o leitor, fazendo-o acreditar que faz parte também do movimento, além da negação do cotidiano, das ideias pré-concebidas, do *status quo*. Ambos os autores querem modificar a mediocridade atual, e para alcançar tal objetivo, procedem à desestruturação da sociedade, das ideias e da língua, propondo um novo meio de expressão.

Eric Hobsbawn diz que no campo da arte,

> especialmente das artes visuais, as vanguardas ocidentais trataram as culturas não ocidentais em total pé de igualdade. Na verdade, inspiraram-se preponderantemente nelas nesse período. (...) Seu 'primitivismo' era, sem dúvida, sua principal atração.[41]

---

41 Hobsbawn, Eric. *A Era dos Impérios*. Rio de Janeiro: Paz e Terra, 1998. p. 120-1.

O Brasil, apesar de haver herdado a cultura europeia, tinha muito de primitivo por suas raízes indígenas e africanas.

Ao comparar os dois movimentos literários, Annateresa Fabris diz:

> É diferente a atitude de modernistas e futuristas perante a consciência do atraso: os italianos adotam como estratégia fundamental a negação do passado; os brasileiros, ao contrário, enfocam a questão pelo prisma da exaltação de um lugar geográfico emblemático. (...) Os brasileiros estavam começando a descobrir um certo passado, no qual se enraizará sua consciência nacional.[42]

De tudo isso, se conclui que a antropofagia é a revolta da sinceridade recalcada durante quatrocentos anos.

> A reação da paisagem contra o tempo. Do nativo contra o importado. Do ingênuo contra o artificioso. Da claridade natural contra a sombra da filosofia. Da terra (que é nossa) contra o estranja (de outros) ou o infinito (sem dono). Da sensação espontânea contra a moral, a disciplina, o sistema. Da inferioridade do mestiço que trabalha contra a superioridade do ariano corroído pelo vício e pela moleza das decadências[43].

A preocupação com a metáfora gastronômica não cessaria em Oswald. Em 1937, num artigo intitulado "O país da sobremesa", o escritor questionava a estrutura econômica e cultural do Brasil:

---

42 Fabris, Annateresa. *O Futurismo paulista...* p. 265
43 *Revista de Antropofagia*, 2ª dentição, nº. 4 (editorial).

A cozinha futurista

País de sobremesa. Exportamos bananas, castanhas-do-pará, cacau, café, coco e fumo. País laranja! Temos Coelho Netto, Martins Fontes, Guilherme de Almeida. O sr. Mário de Andrade escreveu um livro que se chama **Dar, verbo intransitivo**. Tudo resultado da gula. Os olhos da nossa gente melam. Os espíritos também. O açúcar substitui o pão das populações.

Encerrando grandiosamente as relações canibais na obra de Oswald de Andrade, reproduzimos o cardápio do almoço em comemoração aos 60 anos do escritor, em 25 de março de 1950.

Ano também do jubileu do "Pau Brasil", deu ensejo a um cardápio de criativo projeto gráfico, cuja capa reproduzia cenas antropofágicas do livro de Jean de Léry – *Histoire d'un voyage fait en la terre du Brésil*[44]. No verso, além de um lugar reservado aos autógrafos, a lista dos pratos: folhadinhos marcianos e canapés voadores, batida pau-brasil, coração de abacate com crustáceos incrustados, lombinho parnasiano e virado, além de uma taça antropofágica cujo conteúdo desconhecemos e cauim "selo vermelho". Proceder-se-ia finalmente à manducação do criador do *Manifesto antropófago*, no ano 396 da deglutição do Bispo Sardinha.

Marinetti Antropófago

O livro A *Cozinha Futurista*, composto, como já vimos, por diferentes ingredientes, tem como ingrediente literário apenas o primeiro texto: "Uma refeição que evitou um suicídio – O poético antefato tragicômico". Neste texto, Marinetti conta como surgiu a ideia de se instaurar uma revolução na cozinha, para que fosse salva a vida de seu amigo Giulio Onesti.

---

44 Léry, Jean de. *Histoire d'un voyage fait en la terre du Brésil*.

Giulio Onesti estava deprimido e com instintos suicidas após saber da morte de sua ex-amante, que se suicidara em Nova York. Para aumentar a tensão, o mesmo Giulio recebera um telegrama de outra mulher, que se parecia muito com a morta, "mas não o suficiente". Para não trair a morta, o suicídio parecia ser a melhor alternativa.

Marinetti corre ao socorro do amigo, juntamente com os futuristas Prampolini e Fillìa, e como solução convida todos os futuristas à cozinha, transformada em "fantásticos laboratórios", para inventar esculturas comestíveis. Os ingredientes, "indispensáveis": farinha de castanhas, farinha de trigo, farinha de amêndoas, farinha de centeio, farinha de milho, chocolate em pó, pimenta vermelha, açúcar e ovos. Dez jarras de óleo, mel e leite. Cem quilos de tâmaras e de bananas.

Estes ingredientes ao aludirem ao *Cântico dos Cânticos*, diálogo romântico atribuído a Salomão, podem talvez ser um prenúncio de uma relação amorosa a ser apresentada posteriormente ao leitor. Dentre os versos do Cântico, encontramos: "do banquete me aproxima, com bolos de mel me recupera" ou "raios de mel, ninfa, destilam teus lábios,/ E sob a língua, leite e mel,/ E como aroma libanês recendem teus velamens" ou ainda "Depois de haver provado o trigo meu,/ Provei meu mel,/ O vinho eu já bebi, do leite já provei."[45]

A estreita ligação que existe entre amor e comida remonta à origem do mundo, basta lembrar de Adão, Eva e o Pecado Original. Os primeiros homens foram expulsos do paraíso porque não conseguiram refrear o impulso de comer um fruto proibido. Ainda no âmbito bíblico, lembremos que o primeiro ritual antropofágico cristão aconteceu durante a última ceia e vem sendo repetido nos últimos dois mil anos, na Eucaristia. Antropofagia indireta, metafórica, por certo, mas ingerimos o corpo de Cristo em forma de hóstia e bebemos seu sangue em forma de vinho.

---

45 *Cântico dos cânticos*, tradução de Antonio Medina Rodrigues, p. 25, 37 e 39.

A cozinha futurista

Marinetti aproxima os prazeres derivados pela comida ao proporcionado pelas mulheres. Daí advém o fato de a descrição dos pratos futuristas muitas vezes ser entremeada de adjetivos atribuíveis a mulheres, ou de a forma dos pratos assemelhar-se a elas. Bastaria observar os pratos executados por Marinetti e seus companheiros para a "Mostra dos 22 complexos plásticos comestíveis"[46]:

"*Complexo Plástico d'Ela*" – é de tal modo bela, fascinante e carnal que pode curar qualquer desejo de suicídio, era a tal ponto saborosa a carne da curva que significava a síntese de todos os movimentos do quadril. E brilhava de uma sua penugem açucarada excitando o esmalte dos dentes nas bocas atentas dos dois companheiros. Acima, e esférica doçura de todos os seios ideais falavam em distância geométrica à cúpula do ventre mantida pelas linhas-força das coxas dinâmicas.

"*Paixão das Loiras*" - massa folhada com uma leve curva especial de boca ou ventre ou quadris, um seu modo de flutuar sensualíssimo, um sorriso seu de lábios.

"*Todas as Curvas do Mundo e seus Segredos*" – suave magnetismo das mulheres mais belas, e das mais belas Áfricas sonhadas, a graça de todos os pezinhos femininos em uma farta e açucarada relojoaria verde de palmeiras de oásis.

Enquanto os complexos plásticos comestíveis têm as curvas de uma mulher, parece oportuno ressaltar o fato de que a ingestão de um prato assemelha-se intensamente a uma relação sexual:

> De improviso, com as costas suspeitosas de um ladrão, Giulio, girando levemente a cabeça para a direita e para a esquerda, convenceu-se de que escultores e escultoras de vida dormiam profundamente. Levantou-se agilmente, sem fazer barulho, percorreu com o olhar circular a sua grande

---

[46] Caberia aqui ressaltar a coincidência (ou não) de haver uma mostra, com 22 esculturas. Talvez Marinetti esteja aludindo à Semana de Arte Moderna, em São Paulo no ano de 1922.

sala de armas e decidido dirigiu-se ao alto complexo plástico *as curvas do mundo e os seus segredos*. Ajoelhando-se diante dele, começou a amorosa adoração com os lábios, a língua e os dentes. Fuçando e remexendo o belo palmar açucarado, como um tigre alongado, mordeu e comeu um suave pezinho patinador de nuvens.

Às três daquela noite, com um tremendo torcer de rins, fincou os dentes no farto coração dos corações do prazer. Escultores e escultoras dormiam. Ao alvorecer comeu as esferas mamais de todo leite materno. Quando a sua língua deslizou sobre os longos cílios que defendiam as grandes joias do olhar, as nuvens velozmente adensadas sobre o Lago deram à luz um precipitante raio cor de laranja com longas pernas verdes que rompeu o canavial a poucos metros da sala das armas.

Seguiu-se a chuva das lágrimas vãs. Sem fim. Intensificava-se assim o sono dos escultores e das escultoras de vida.

Talvez para se refrescar, com a cabeça descoberta, Giulio saiu então no parque todo invadido pelos trêmulos encanamentos dos rumores do trovão. Estava ao mesmo tempo desobstruído, liberado, vazio e transbordante. Aproveitador e aproveitado. Possessor e possuído. Único e total.

Marinetti confunde o leitor, que já não tem certeza de se tratar de um prato comestível real ou se este prato se transubstanciou em fêmea, se Giulio apenas se delicia com uma iguaria que enche os olhos e o estômago ou se imagina haver ali uma mulher submissa às suas glutonarias.

O capítulo "Os Cardápios Futuristas – sugestivos e determinantes" também evoca a sensualidade que se pode obter através da alimentação. No "Cardápio Noturno de Amor", presunto infuso em leite e ostras com vinho Moscato devolvem os amantes às fadigas da cama. O "Cardápio de Núpcias" promete aquecer os estômagos de todos os comensais com risoto à milanesa, cogumelos trufados, lebres e perdizes cozidas em vinho com especiarias.

A cozinha futurista

O "Cardápio de Solteiro" tenta amenizar a solidão do rapaz com pratos que evocam louras, morenas ou uma bela desnuda: "duas coxas de frango cozidas numa bacia de cristal, com leite apenas ordenhado, tudo coberto por pétalas de violeta."

Mas é no "Cardápio Extremista" que podemos mais uma vez observar a índole canibal latente no futurismo. Este cardápio, verdadeira tortura psicológica e estomacal, não oferece nada para comer, apenas para cheirar. Perfumes diversos são vaporizados nos comensais, risoto, espinafre com creme, berinjelas fritas, chocolate, ervas, frutas e peixes. Os convidados choramingam, imploram por qualquer coisa para mastigar, e um deles observa que, se não lhes for oferecido nada, "veremos as feias bocas dos machões fincarem os dentes nas carnes insípidas das nossas cinco amigas". Os paladares famintos são então aplacados com dois perfumes de "vida carne luxúria morte".

Entretanto, não é apenas em A Cozinha Futurista que podemos observar esta abordagem antropofágica. Na realidade, desde o início da carreira de Marinetti, ainda na França, havia uma atenção especial a este tema, como podemos observar no romance Le Roi Bombance – tragédia satírica em quatro atos, em prosa – escrito em francês por Marinetti em 1905 e depois traduzida pelo próprio Marinetti para o italiano com o título Re Baldoria. A obra é uma metáfora gastronômica rabelaisiana, criada durante a greve geral de 1904, em Milão, que foi bem recebida por Alfred Jarry, autor de Ubu Rei, seu inspirador. No romance, o futuro histórico-social do mundo é reduzido a uma questão meramente gastronômica: os homens lutariam e se ocupariam incessantemente apenas para garantir sua felicidade gastro intestinal.

A história se desenvolve numa era medieval fictícia, no reino dos Citrulli, em um castelo onde tudo alude a comida, desde o nome dos personagens até o nome da espada do rei – La Succulenta. Panciarguta, primeiro cozinheiro, morre, e as cozinhas (o poder, simbolicamente) são então passadas a três aproveitadores, que prometem um banquete a todo o reino.

As mulheres todas fogem, o que proporciona uma felicidade estomacal aos homens, já que "a repugnante sobriedade das mulheres e sua habitual luxúria pertubavam há já muito tempo as nossas ideias digestivas - À mesa, suas popas proeminentes escondiam de nós a magnificência dos pratos"[47]. Alguns homens sentem falta das mulheres, lamentando o fato de não poderem devorá-las:

> As mulheres?... São bexigas que nós enchemos com nosso sangue de porco! Assim, transformam-se em chouriços saborosíssimos, mas não se deixam de comer! E nos aborrece, por Deus, lamber sem fim, apaixonadamente, a impermeável pele! [48]

O rei sente falta da sua rainha, mulher de estômago forte, lendo uma carta por ela enviada. Podemos, nesta carta, mais uma vez verificar a aproximação dos prazeres gastronômicos e sexuais: "Ah! Venha, venha amar-me à mesa; venha beijar-me com seus belos lábios suculentos de prelibados salmos! (...) Venha, venha logo, minha grande almôndega dourada, amar-me à mesa e me comer na cama!"[49].

Os habitantes começam a se revoltar, exigindo que o rei os alimente. Este já havia nomeado outros cozinheiros, que se fartam nas cozinhas enquanto dizem preparar o alimento para todos. O Idiota, bobo da corte, tenta em vão aplacar a fome dos comensais com palavras.

A fome extrapola os limites, e os convivas resolvem comer o rei. De fato, como nas tribos indígenas, a ingestão do rei é considerada uma

---

47 Marinetti, F. T. *Re Baldoria*. Milão: Fratelli Treves, 1920. p. 9.
48 Marinetti, F. T. *Re Baldoria...* p. 12.
49 *Idem, Ibidem.* p. 33.

A cozinha futurista

honra para o ingerido, pois "poderia haver um túmulo mais digno?"[50]. A carne de todos os que morreram, os secretários e os companheiros que por um ou outro motivo desafiavam-se na sala do banquete e perdiam a vida, foi salgada e ingerida. Numa orgia antropofágica, os homens devoram uns aos outros, sem mastigar bem, fato que ocasiona a ressureição do rei e seus seguidores, através do vômito. Já vimos o que simboliza o vômito em *Macunaíma*, de Mário de Andrade, mas Marinetti nos dá outra informação, sempre relacionada à ingestão de carne humana:

> Além disso, devemos tomar cuidado ao vomitar as conquistas de nosso estômago...1º Porque sempre se vomita muito mais do que se comeu!... Às vezes, vomita-se até as tripas...às vezes o estômago inteiro!... Mastiguem os alimentos com cuidado! Dividam a carne em muitos pedacinhos, se não quiserem que o corpo comido, juntando-se, reviva em vocês declarando-lhes guerra!...2º Aquilo que se vomita é mais forte e mais vivo do que aquilo que se engoliu!...[51]

Em uma passagem do livro, um dos personagens alude ao sacramento católico e diz: "Comam, este é meu corpo!" (e oferece realmente uma parte de seu corpo mutilado), "Bebam, este é o meu sangue" (e oferece o sangue que recolhera em uma taça). A antropofagia era real e metafórica ao mesmo tempo.

Um dos personagens, Fra Trippa, representante eclesiástico da história, defende que sua ingestão e ressuscitamento através do vômito seria simbólico, assim como a baleia devolveu Jonas, o Santo Sepulcro devolveu Jesus Cristo, o mar devolve o cadáver dos náufragos... assim também o estômago dos Citrulli o havia restituído à vida.

---

50 *Idem, Ibidem.* p. 105.
51 *Idem, Ibidem* p. 227.

Entretanto, ao final, os homens ressuscitados (vomitados, e que fediam muito) sentem fome novamente, e recomeçam a lançar olhares de desejo uns aos outros, indicando que a história poderá se repetir infinitas vezes. Um vampiro filósofo que aparece ao final da história resume o problema: "De era em era, os Citrulli vão aperfeiçoando suas mandíbulas na arte de devorar um ao outro com crescente agilidade...Este é o único progresso possível."[52]

Segundo Luciano De Maria, Marinetti satiriza nesta obra a ideologia e a práxis socialista: "A sociologia transmuda-se em *sauçologie*, salsologia [relativo à molho, tempero], e um dos fundamentos do socialismo, a propriedade comum dos meios de produção, transforma-se na socialização dos meios de produção culinária"[53].

Pouco tempo depois, em 1910, Marinetti publicou *Mafarka, il Futurista* quase simultaneamente em francês e em italiano. Este romance africano traz a história de Mafarka-el-Bar – guerreiro feroz e implacável, tirano e usurpador, bárbaro e sádico, cruel e impetuoso, tanto quanto no amor ou no modo de governar – o rei de Tell-el-Kibir, que renuncia ao seu trono e ao seu povo após vencer todos os inimigos para trazer à vida seu irmão mais novo, Magamal. Louco de dor, empreende uma viagem mítica ao reino dos mortos, atravessa os oceanos e concebe finalmente a ideia de um filho que resultasse de um nascimento apenas cerebral, e não biológico. Assim nasce Gazoumah, emanação pura do discurso futurista, um filho imortal porque nasceu sem a participação da vulva maléfica que predispõe à decrepitude e à morte.

A obra, em sua tradução italiana, levou Marinetti a um processo por atentado ao pudor, do qual o autor foi absolvido. Mais uma vez, no decorrer da obra, confunde-se o vocabulário referente aos prazeres carnais e estomacais:

---

52 Marinetti, F. T. *Re Baldoria...* p. 267.
53 De Maria, Luciano. "La chiave dei simboli in 'Re Baldoria'" in: *La nascita dell'avanguardia...* p.203.

> Os cozinheiros rechearam o Zeb com coalhada, e o temperaram tão bem com violetas e canela que um odor quente e delicioso inebriou voluptuosamente toda a casa. E à noite, as empregadinhas, excitadas por aquele odor, espiavam pelas portas da sala de banquete estalando a língua e esfregando os seios para saciar tão doce prurido.
> (...) Mafarka comeu-o pensando que fosse um peixe. Então, Mafarka lançou-se sobre as servas que estavam retirando a mesa e as possuiu sobre as almofadas, uma depois da outra, rindo como um louco.[54]

Muitos banquetes (ou orgias) acontecem no decorrer da obra e, neles, a voracidade com que os personagem avançam sobre o alimento remete aos antigos antropófagos, que devoravam os inimigos para saciar seu apetite animal.

Algumas obras de Marinetti não são facilmente encontradas, entretanto, algumas informações puderam ser obtidas no site L'Arengario[55], um "estudo bibliográfico", que reproduz a capa de inúmeras obras raras ou de difícil localização, bem como resenhas ou comentários sobre seu conteúdo. Selecionamos alguns títulos aparentemente relevantes a este estudo, por tratarem do amor, que se pode mesclar com a antropofagia.

Em 1918 foi publicado o livro *Como si seducono le donne* [Como se reduz as mulheres], pela editora Excelsior de Milão. Em 1922, um livro sobre amor foi lançado por Marinetti: são alguns contos eróticos publicados sob o título *Gli amori futuristi* [Os amores futuristas], pela Casa Editrice Ghelfa, de Cremona. Em 1927, outro livro traz o amor no título: *Scatole d'amore in conserva* [Latas de amor em conserva]. Publicado pela Edizioni d'Arte Fauno, de Roma, traz sete novelas eróticas: 1) *Autoretrato*, biografia ágil e interessante; 2) *Conselhos a uma senhora*

---

54 Marinetti, F. T. *Mafarka, il futurista*. p.76-77.
55 www.arengario.it/futurismo

cética; 3) *Corações complicados*; 4) *Caçadas árabes*; 5) *Casamento em ar comprimido*; 6) *Uma fabulosa indigestão*; 7) *Grande hotel do perigo*. Atenção à sexta novela, cujo título remete à antropofagia, uma vez que uma grande indigestão num livro de contos eróticos pode referir-se ao abuso das "fadigas da cama".

No livro de contos *Novelle colle labbra tinte* [Novelas com os lábios pintados], de 1930, encontramos um conto intitulado "Come si nutriva l'Ardito" [Como se alimentava o Audaz]. Guzzo, o personagem Audaz a que se refere o título, carrega numa mochila um pedaço de carne salgada, o qual, declara, não quer dividir com ninguém. Ao abrir a mochila, entre disparos de metralhadora do campo inimigo, a surpresa: ele carrega consigo o corpo mutilado da amante, já destituída da cabeça, das pernas e dos braços, que ele havia amorosamente comido. Num clima de insanidade, durante a travessia de um rio em meio à batalha, Guzzo conversa com o cadáver, que responde, pedindo que seja ingerida, assim eles se tornariam apenas um.

Plasticamente falando, algumas imagens acabam por se tornar recorrentes nesta "fase antropofágica" de Marinetti. Observemos como a descrição da jovem morta devorada por Guzzo assemelha-se bastante à descrição dos complexos plásticos comestíveis já citados:

> Um pedaço de carne de mulher nua decapitada, sem braços e sem pernas! O tronco gracioso de uma pequena mulher! Parece cinzelado e iluminado em um precioso sal que brilha. Os pequenos seios redondos, suaves, vivos, tremem, talvez digam muito mais do que a cabeça distante! O ventre humilde, tímido, ingênuo, manso, curva-se levemente em direção ao pequeno jardim sonhador das coxas sensuais cortadas pela metade. Os dois cortes das coxas estão cobertos por tampões de seda negra aderente. Assim como o pescoço. [56]

---

56 Marinetti, F. T. *Novelle colle labbra tinta: simultaneità e programmi di vita con varianti a scelta*. Milano: Mondadori, 1930. p.402-3.

A cozinha futurista

Guzzo morre, e a mochila com os restos da mulher é então carregada pelo tenente, que havia assistido a toda a cena canibalesca. Imagina-se que ele comerá o resto do cadáver, assim, assimilando o resto do amor que ele traz. Dois detalhes invocam o passado ritual antropofágico. Num primeiro momento, temos a descrição de Guzzo: "um certo Guzzo di Trapani completamente negro, verdadeiro sarraceno magro ágil bem-disposto, grandes olhos negros muito doces, mas a boca malvada deformada por uma navalhada na face esquerda". Mais adiante: "nas minhas veias meu sangue a embala, pequena, com a ternura que as mães morte têm no Paraíso!"[57].

Guzzo é muçulmano, de outra cultura, de outra cor. Além disso, tem uma grande cicatriz, o rosto embrutecido, deformado, mas com olhos dulcíssimos. Marinetti pode talvez querer assim atenuar a gravidade do ato canibal, fazendo o leitor crer na doçura deste monstro de cultura desconhecida. O outro excerto alude ao fato comum entre os indígenas americanos (a América era o paraíso na visão de muitos europeus) de ingerir o corpo dos ancestrais mortos, especialmente as mães, para que assimilassem com este as qualidades atribuídas à pessoa em vida.

Em "Uma refeição que evitou um suicídio – o poético antefato tragicômico", os futuristas, respondendo a uma pergunta feita por "aquela que se parece bastante mas não o suficiente", acabam por revelar sua opinião sobre as mulheres. Eis o que dizem:

– Amamos as mulheres. Muitas vezes fomos torturados com mil beijos gulosos na ânsia de comermos uma. Nuas sempre nos pareceram tragicamente vestidas. O seu coração, se apertado pelo supremo prazer do amor, pareceu-nos o fruto ideal para morder mastigar sugar. Todas as formas da fome que caracterizam o amor nos guiaram na criação destas obras de gênio e de língua insaciável. São os nossos estados de ânimo realizados. O fascínio, a graça infantil, a ingenuidade, a alvorada, o pudor, o furioso turbilhão do sexo, a chuva de todas as impaciências

---

57 *Idem, Ibidem.* p 399 e 405.

e de todas as denguices, os pruridos e as rebeliões contra a antiquíssima escravidão, a única e todas encontraram aqui, pelas nossas mãos, uma expressão artística tão intensa que exige não só os olhos e relativa admiração, não só o tato e relativas carícias, mas os dentes, a língua, o estômago, o intestino igualmente enamorados.

Em um diálogo que praticamente encerra o conto, Marinetti nos revela, através de Guzzo e seu tenente, outros detalhes sobre o sexo feminino:

> Você gosta das mulheres, Guzzo?
> Sim, mas não as mulheres vivas.
> Eu sei.
> Não amo a cabeça da mulher, nem seus pés.
> Eu sei, mas me diga por quê?
> Porque uma mulher não deve nem pensar nem caminhar. Veja, a minha a quero deitada e imóvel...Quero que não pense em outros, que não veja ninguém e que nunca fuja!...
> Eu sei.
> Por que você sempre diz que sabe? O que você sabe de mim?
> Sei que você matou sua amiga e devorou amorosamente sua cabeça, suas pernas, seus braços.
> Agora você carrega os restos às costas. Eu vi e aprovo. Você resolveu o mais grave problema...
> Você é um grande filósofo!...[58]

Não seria absurdo pensar que para o futurista as mulheres têm tanta importância quanto a comida. (Ou ainda: a mulher é comida). Devem satisfazer o homem, proporcionar-lhes prazer, auxiliar a catalisar suas forças, sem no entanto atrapalhar seu desenvolvimento ou sua

---

58 *Idem, Ibidem* p.406.

A cozinha futurista

vida. Nada mais oportuno que uma relação canibal: após o ato amoroso, o ato antropófago. A mulher deixa de existir, deixa de pensar, não pode mais escapar, visto que será assimilada pelo outro. A mulher é adorada, cheirada, degustada, comida, e no final, ajuda o homem, cuja força aumenta com a carne ingerida.

Na *Revista de Antropofagia*, vemos a conformidade deste pensamento de Marinetti com o movimento brasileiro. Um texto sob o pseudônimo Darwin afirmava que era necessário:

> Voltar ao estado natural. Deglutir tudo. Construir de novo. Deglutir até que chegue a hora de um prato melhor. Ao chegarmos aí, nós teremos atingido o momento supremo em que a ideia se une à força, a ciência se iguala à inspiração, e o pensamento circula livremente pelo organismo.
>
> Nos transportes do amor humano, quem não sabe que os amantes se comem, devoram-se, quiseram-se incorporar-se de todos os modos, dizia o poeta, tirar, até com os dentes, o objeto amado, para possuí-lo, para alimentar-se, para unir-se a ele, para viver dele?[59]

Outra obra do futurismo que tem um leve apelo antropofágico é *Un Ventre di Donna* [Um ventre de mulher], "romance cirúrgico". Boa parte da obra é escrita de maneira epistolar, havendo uma troca de correspondências entre o futurista F. T. Marinetti, em meio à guerra, numa trincheira, e a senhora Enif Robert, com uma doença nervosa, internada num hospital após uma cirurgia sem muito sucesso para a retirada dos órgãos reprodutores inflamados. Os pontos não cicatrizam, ocorre uma segunda cirurgia, e a recuperação, exaustivamente lenta, somente começa a se acelerar após a leitura do "Manual terapêutico do desejo-imaginação" desenvolvido por Marinetti. Futurismo como cura.

---

59   *Revista de Antropofagia*, 1ª. dentição, n. 7.

> O primeiro cirurgião é apelidado pela senhora Robert de "Jack, o estripador", e quando se deve proceder à cirurgia, a senhora tem uma crise de nervos, quer fugir do hospital, para que o médico não tivesse "naquele dia a sua porção de carne a cortar com método". A cirurgia é feita, e no momento de tirar o curativo e enfrentar a cicatriz, nova crise nervosa, e em meio a contorsões grita: "Não! Assassinos! Açougueiros! Acorde, não! Cortar, não! A minha carne é minha!... Comando eu!... Tenho direito..."[60]

Neste livro, apesar de não haver menção à ingestão da carne humana, os médicos são equiparados a açougueiros, logo, a carne humana com a carne animal que se oferece nos açougues. Na *Revista de Antropofagia*, novamente, os secretários eram "açougueiros", e a carne dos "inimigos intelectuais" era, sempre oferecida num açougue imaginário.

Podemos assim estabelecer um vínculo sanguíneo entre os três autores. Todos preocuparam-se com a culinária, seja através dos alimentos oferecidos ao corpo e à alma, seja através da ingestão e a assimilação dos ingredientes formadores da cultura. A nacionalidade foi enfocada por cada um deles, preocupados em fortalecer os cidadãos e a pátria, física, moral, intelectual ou financeiramente.

As pessoas e as influências importantes foram assimiladas, outras foram simplesmente descartadas. A digestão seria difícil. A antropofagia, teorizada por Oswald, foi praticada por estes três autores e muitos outros em diversas culturas. Muitas vezes, em prol de uma modernidade almejada, os autores renegam o passado literário, julgando que estão livres daquelas amarras intelectuais. O repertório intelectual de uma cultura é intocável, e somente ingerindo, bebendo dessas fontes, comendo as ideias e assimilando tudo numa digestão bem feita, é que se pode inovar.

---

60 Marinetti, F. T. e Robert, Enif. *Un ventre di donna: romanzo chirurgico*. Milano: Falcchi Editore, 1919. p. 59 e 81.

A cozinha futurista

A renovação de nossa literatura deve muito aos caraíbas e aos tupinambás. Foi necessário devorar nossos antepassados e nos imbuir de toda a coragem que eles um dia tiveram para que não caíssemos na mesmice literária. Para evitar a indigestão, uma receita marinettiana: "O bicarbonato de sódio a disposição constituirá o verbo no infinitivo de todos os problemas alimentares e digestivos"[61].

---

61 Marinetti, F. T. A *cozinha futurista*, op. cit. p. 94

II

A cozinha futurista e a Linguagem

O Futurismo: proposta de revolução linguística

Para melhor compreender as dificuldades apresentadas ao tradutor por um texto futurista, devemos começar em 1909, com o *Manifesto do futurismo*, passando depois para 1912, ano do *Manifesto Técnico da Literatura Futurista*, documentos que já apresentavam as primeiras modificações linguísticas sugeridas pela vanguarda artística.

Por meio da leitura de excertos destes dois manifestos, tentaremos verificar quais experimentos Marinetti tentaria concretizar em suas obras e o que, na prática, conseguiu realizar.

M.L. Mancinelli

Manifesto do Futurismo
20 de fevereiro de 1909

Nós queremos cantar o amor ao perigo, o hábito à energia e à temeridade.
A coragem, a audácia, a rebelião serão elementos essenciais de nossa poesia.
A literatura exaltou até hoje a imobilidade pensativa, o extase e o sono. Nós queremos exaltar o movimento agressivo, a insônia febril, o passo de corrida, o salto mortal, o bofetão e o soco.
Nós afirmamos que a magnificência do mundo enriqueceu-se de uma nova beleza: a beleza da velocidade. Um automóvel de corrida com seu capô enfeitado com grandes tubos semelhantes a serpentes de hálito explosivo... um automóvel rugidor, que parece correr sobre a metralha, é mais bonito que a Vitória de Samotrácia.
Nós queremos entoar hinos ao homem que segura o volante, cuja haste ideal atravessa a Terra, iniciada a corrida, esta também no circuito da sua órbita.
É preciso que o poeta prodigalize com ardor, fausto e munificiência, para aumentar o entusiástico fervor dos elementos primordiais.
Não existe maior beleza, a não ser na luta. Nenhuma obra que não tenha um caráter agressivo pode ser uma obra-prima. A poesia deve ser concebida como um violento assalto contra as forças desconhecidas, para obrigá-las a prostrar-se diante do homem.
Nós estamos no promontório extremo dos séculos!... Por que deveríamos olhar para trás, se queremos arrombar as misteriosas portas do Impossível?
O Tempo e o Espaço morreram ontem. Nós já estamos vivendo no absoluto, pois já criamos a eterna velocidade onipresente.
Nós queremos glorificar a guerra - única higiene do mundo - o militarismo, o patriotismo, o gesto destruidor dos libertários, as belas ideias pelas quais se morre e o desprezo pela mulher.

A cozinha futurista

Nós queremos destruir os museus, as bibliotecas, as academias de todas as espécies, e combater o moralismo, o feminismo e toda vileza oportunista e utilitária.

Nós cantaremos as grandes multidões agitadas pelo trabalho, pelo prazer ou pela sublevação; cantaremos as marés multicores e polifônicas das revoluções nas capitais modernas; cantaremos o vibrante fervor noturno dos arsenais e dos canteiros incendiados por violentas luas elétricas; as estações vorazes, devoradoras de serpentes que fumam; as oficinas penduradas às nuvens pelos fios contorcidos de suas fumaças; as pontes, semelhantes a ginastas gigantes que cavalgam os rios, faiscantes ao sol com um luzir de facas; os navios aventurosos que farejam o horizonte, as locomotivas de largo peito, que trotam sobre os trilhos, como enormes cavalos de aço enchilhados com tubos; e o voo rasante dos aviões, cuja hélice freme ao vento como uma bandeira, e parece aplaudir como uma multidão entusiasmada. (...)

Manifesto técnico da literatura futurista
11 de maio de 1912

No aeroplano, sentado no cilindro do combustível, o ventre aquecido pela cabeça do aviador, eu senti a inanição ridícula da velha sintaxe herdada de Homero. Necessidade furiosa de libertar as palavras, retirando-as da prisão do período latino! Naturalmente, este tem, como qualquer imbecil, uma cabeça previdente, um ventre, duas pernas e dois pés chatos, mas nunca terá duas asas. Apenas o necessário para caminhar, para correr um momento e parar quase imediatamente ofegando!

Foi o que me disse a hélice turbilhonante, enquanto eu voava a duzentos metros sobre as pujantes chaminés de Milão. E a hélice acrescentou:

É preciso destruir a sintaxe dispondo os substantivos ao acaso, como nascem.

Deve-se usar o verbo no infinito, para que se adapte elasticamente ao substantivo e não o submeta ao eu do escritor que observa ou imagina. O verbo no infinitivo pode, sozinho, dar o sentido da continuidade da vida e a elasticidade da intuição que a percebe.

Deve-se abolir o adjetivo, para que o substantivo nu conserve a sua cor essencial. O adjetivo, por possuir um caráter de nuance, é incompatível com nossa visão dinâmica, uma vez que supõe uma pausa, uma meditação.

Deve-se abolir o advérbio, velha fivela que mantém as palavras unidas umas às outras. O advérbio confere à frase uma enfadonha unidade de tom.

Cada substantivo deve ter o seu duplo, ou seja, o substantivo deve ser seguido, sem conjunção, pelo substantivo ao qual está ligado por analogia. Exemplo: homem-torpedeiro, mulher-golfo, multidão-ressaca, praça-funil.

Assim como a velocidade aérea multeplicou nosso conhecimento do mundo, a percepção por analogia torna-se cada vez mais natural para o homem. É preciso, portanto, suprimir o como, o qual, o assim, o semelhante a. Melhor ainda, é preciso fundir diretamente o objeto com a imagem que este evoca, dando uma visão da imagem mediante uma só palavra essencial.

Abolir também a pontuação. Tendo sido suprimidos os adjetivos, os advérbios e as conjunções, a pontuação é naturalmente anulada, na continuidade vária de um estilo vivo que se cria sozinho, sem as pausas absurdas das vírgulas e dos pontos. Para acentuar certos movimentos e indicar suas direções, serão empregados sinais matemáticos: + - x : = > <, e sinais musicais.

Até agora, os escritores abandonaram-se à analogia imediata. Compararam, por exemplo, o animal ao homem ou a outro animal, o que equivale ainda, mais ou menos, a uma espécie de fotografia. (Compararam, por exemplo, um fox terrier a um pequeno puro-sangue. Outros, mais

A cozinha futurista

avançados, poderiam comparar o mesmo fox-terrier trepidante, a uma pequena máquina Morse. Eu o comparo, por outro lado, a uma água fervente. Há nisso uma gradação de analogias cada vez mais vastas, existem relações cada vez mais profundas e sólidas, mesmo que muito distantes.)

(...) É preciso, assim, abolir na língua tudo o que esta contém de imagens estereotipadas, de metáforas gastas, ou seja, quase tudo.Não existem categorias de imagens, nobres ou grosseiras ou vulgares, excêntricas ou naturais. A intuição que as percebe não tem preferências nem partidos. O estilo analógico é, portanto, dono absoluto de toda a matéria e de sua intensa vida.

Para dar os movimentos sucessivos de um objeto, é necessário dar a cadeia de analogias que este evoca, cada uma delas condensada, recolhida numa palavra essencial. (...) Para abranger e recolher tudo o que existe de mais fugaz e mais inapreensível na matéria, é preciso formar estreitas redes de imagens ou analogias que serão lançadas no misterioso mar dos fenômenos.

Assim como todo tipo de ordem é fatalmente um produto da inteligência cautelosa e prevenida é preciso orquestrar as imagens dispondo-as segundo um máximo de desordem.

Destruir o "eu" na literatura, ou seja, toda a psicologia. O homem completamente deteriorado pela biblioteca e pelo museu, submetido a uma lógica e uma sabedoria assustadora, não oferece absolutamente mais nenhum interesse. Assim devemos aboli-lo na literatura, e substitui-lo finalmente com a matéria, da qual deve-se agarrar a essência a golpes de intuição, o que nunca poderão fazer os físicos nem os químicos.(...)

Queremos dar, em literatura, a vida do motor, novo animal instintivo do qual conheceremos o instinto geral quando tivermos conhecido os instintos das diversas forças que o compõe. Nada é mais interessante, para um poeta futurista, que o agitar-se do teclado de um piano mecâ-

nico. O cinematógrafo nos oferece a dança de um objeto que se divide e recompõe sem a intervenção humana.
(...) Depois do reino animal, eis que se levanta o reino mecânico. Com o conhecimento e a amizade da matéria, da qual os cientistas não podem conhecer mais do que reações físico-químicas, nós preparamos a criação do homem mecânico de partes cambiáveis. Nós o libertaremos da ideia da morte, e até da própria morte, suprema definição da inteligência lógica.

Como podemos observar, são muitas as regras que o futurismo impunha aos escritores que quisessem honrar a ideologia do movimento: abolir a pontuação, o adjetivo e o advérbio, usar muitos substantivos, desde que dispostos ao acaso, usar verbos no infinitivo, construir analogias inéditas e surpreendentes; realçar a velocidade, a agressividade, os avanços tecnológicos.

A análise dos manifestos em si já demonstra a fragilidade destas proposições. Vejamos alguns pontos propostos por Marinetti, mas que nem ele, em seus manifestos, conseguiu praticar.

Ao mesmo tempo em que propõe a abolição dos adjetivos, usa inúmeras palavras para caracterizar os objetivos do grupo: alcançar um "movimento agressivo", "insônia febril", "salto mortal", sentem uma "necessidade furiosa" ou ouvem da "hélice turbilhonante" os preceitos do movimento. Se Marinetti propõe a abolição dos adjetivos, seria mais convincente que ele mesmo deixasse de usá-los.

Ainda sobre a contraditória abolição dos adjetivos, Marinetti propõe, a certo ponto, o uso do substantivo com seu duplo. Seria um substantivo composto, separado por hífen, que caracterizaria o objeto. Ora, se usamos dois substantivos acoplados, o segundo teria o objetivo de modificar ou especificar o primeiro[1]. Exemplificando com o próprio

---

1 Basilio, Margarida. *Teoria lexical*. São Paulo: Ática, 1989. p. 30.

manifesto: "homem-torpedeira", "multidão-ressaca", "praça-funil". A praça tem o formato ou a utilidade de um funil, mas, de qualquer modo, é caracterizada por este segundo elemento. Assim poderíamos proceder com todos os substantivos e seu respectivo duplo, que nos parece um adjetivo "camuflado".

Deve-se abolir o advérbio. Na teoria, um texto sem advérbios ficaria mais veloz, sem "a velha fivela que mantém as palavras unidas umas às outras". Na prática, o item 2 do *Manifesto técnico* diz: "para que este se adapte elasticamente ao substantivo", já no item 6 temos: "a pontuação é naturalmente anulada". Apenas algumas linhas de distância, e eis que o ensinamento não é cumprido pelo mestre.

Os verbos no infinitivo são a proposta com maior incidência nos manifestos, conquanto frequentemente sejam precedidos de modais que indicam sua conjugação. As frases nominais também aparecem com bastante assiduidade, prova de que os substantivos são as palavras com carga semântica mais importante para os futuristas.

Abolir a pontuação é outra proposta bastante intrigante. Se em seu lugar poderiam ser utilizados símbolos matemáticos ou musicais, poderíamos pensar em uma mera substituição de um símbolo por outro. A ausência da pontuação dá margem a infinitas interpretações e analogias, fator positivo num texto futurista, que estaria assim em movimento. O fato é que Marinetti tenta não usar a pontuação, ou ao menos diminuir a quantidade desta, mas a compreensão ficaria prejudicada se esta fosse abolida por completo. Em poesia, a disposição dos versos no papel supre a falta de pontos ou vírgulas, mas isto é dificultado nos textos em prosa, que perdem em clareza e inteligibilidade.

Verifica-se então uma bipolaridade entre o difusor das ideias futuristas, que se propõe um estilo original, e o "autor literário", que tende a uma linguagem mais tradicional.

Antes de partir para a análise da linguagem em *A Cozinha Futurista*, gostaria de lembrar uma passagem do *Manifesto do futurismo* que não está reproduzida acima, acerca da idade dos artistas.

M.L. Mancinelli

> Os mais velhos dentre nós têm trinta anos: resta-nos portanto pelo menos uma década para cumprir nossa obra. Quando tivermos quarenta anos, outros homens mais jovens e mais válidos que nós atirar-nos-ão ao cesto, como manuscritos inúteis. – Nós o desejamos!

Na época desse manifesto, 1909, Marinetti, nascido em 1876, contava já 33 anos. Quando da publicação do *Manifesto da cozinha futurista*, tinha 54 anos. Julgando-o pelos seus próprios preconceitos, Marinetti deveria ter sido substituído por outros homens mais jovens e com maior agressividade; no entanto, considerava-se ainda capaz e jovem o bastante para seguir à frente do movimento futurista, embora este já tivesse sofrido muitas transformações, fossem estas políticas ou de reciclagem de seus participantes. Marinetti foi o estopim do movimento, na primeira década do século, e permaneceria fiel a seus ideais até a consumação total da chama, ocorrida com sua morte, em 1944.

A COZINHA FUTURISTA E AS INOVAÇÕES NA LÍNGUA

O *Manifesto da Cozinha Futurista* segue o modelo dos outros manifestos promulgados pelo movimento futurista: um pequeno texto que explica ou exemplifica o problema a ser abordado, seguido por um conjunto de regras a serem seguidas. É oportuno ressaltar que no primeiro parágrafo deste manifesto, o nome de Benito Mussolini é lembrado, aludindo às "batalhas artísticas políticas muitas vezes consagradas com sangue". Lembremo-nos que, desde 1926, o futurismo havia aderido ao fascismo, embora não seja possível precisar se por razões ideológicas ou para sustentar um movimento literário que estava perdendo sua capacidade de persuasão.

A este manifesto, seguiu-se a publicação do livro A *Cozinha Futurista*, que reuniu documentação importante acerca da polêmica cozinhária iniciada por Marinetti. O livro, mais uma vez, segue o modelo de apresentação futurista: um texto, de provável classificação "literária", seguido do manifesto e respectiva polêmica. Nos outros capítulos, receitas, cardápios, e um dicionário dos novos termos.

Nesta breve análise, serão objetos de estudo o texto literário – "Uma refeição que evitou um suicídio: o tragicômico poético antefato" –, que representa o primeiro capítulo do livro, e o *Manifesto da Cozinha Futurista*, situado no início do segundo capítulo.

No subtítulo do texto, o "antefato" é já duplamente caracterizado por adjetivos, tragicômico e poético, e a palavra antefato inclui um advérbio no prefixo, indicando que este acontece anteriormente a outro fato, no caso, o manifesto.

No primeiro parágrafo, o poeta parte para a lago Trasimeno obedecendo a um telegrama "preocupante, extravagante e misterioso". Além de utilizar três adjetivos em sequência, estes são separados por vírgula e conjunção. São inúmeros os casos em que Marinetti segue a linguagem tradicional, que ignora os mandamentos futuristas, dispondo as palavras em sintaxe convencional, com pontuação adequada gramaticalmente.

Os casos que examinaremos aqui, por serem de interesse as inovações apresentadas e não as falhas em praticar a própria teoria, são aqueles em que o poeta tenta – e algumas vezes realmente consegue – modificar o uso da língua, propondo novas construções, novas palavras ou analogias diferenciadas.

Comecemos com as construções inusitadas, que chamam a atenção do leitor não só pelo argumento, mas pela forma de expressão. Apesar do texto ser de autoria de Marinetti, este aparece como personagem em terceira pessoa. "Abolir o 'eu' da literatura" era uma das propostas futuristas que foi respeitada no texto, escrito todo em terceira pessoa, apesar da sabida participação do autor nos acontecimentos.

No quinto parágrafo do texto, temos a descrição de Giulio Onesti, pseudônimo de um colaborador futurista, personagem do "antefato". Para caracterizar este personagem, Marinetti utiliza quatro longos sujeitos para o verbo "endreram" em sequência, separados por vírgulas, o que imprime um ritmo cadenciado peculiar à frase:

> Este pseudônimo que mascarava seu verdadeiro nome, seu intervento belicoso e criativo nas noitadas futuristas de vinte anos antes, a sua vida de ciência e de riqueza acumuladas no Cabo da Boa Esperança, a sua repentina fuga dos centros habitados, encheram a conversação vocabulivre que precedeu o jantar o policromático Aquisebebe a casa.

Outra construção que ressalta no texto é o curto diálogo entre os quatro personagens após a declaração do iminente suicídio de Giulio. Iniciado com a fala de Giulio Onesti, que se abre com um parêntese, mas este não é fechado. Pode se tratar de um erro tipográfico, mas ainda assim é sintomático que um homem, tomado de um tremor irreprimível, esqueça se de fechar parênteses:

> Longo silêncio. Depois Giulio foi tomado por um tremor convulsivo irreprimível:
> "(não quero, não devo trair a morta. Então, vou me suicidar esta noite!"
> – "a menos que" – gritou Prampolini
> – "a menos que" – repetiu Fillìa.
> – "a menos que?" – concluiu Marinetti – "a menos que você nos conduza imediatamente às suas ricas abastecidas cozinhas."

O diálogo segue com uma quádrupla repetição do sintagma: "a menos que", buscando uma solução para o desejo de suicídio. A anáfora auxilia na criação do suspense necessário para que seja apresentado o desfecho do problema: a cozinha futurista, proposta por Marinetti. Este suspense também serve como preâmbulo para a ação que é então

A cozinha futurista

desencadeada; partindo do momento da enunciação desta solução, todos os companheiros futuristas lançam-se a um trabalho incessante, nas cozinhas, para criar comidas que salvassem a vida do amigo.

Sempre no plano da construção, podemos encontrar um parágrafo escrito sem utilizar nenhum sinal de pontuação, exceto o óbvio ponto ao final deste. O período, bastante longo, mistura muitos substantivos e adjetivos, porém há apenas um verbo e um único advérbio. Observemos como a ausência da pontuação torna o ritmo do período veloz:

> Atmosfera inebriante pródiga de formas cores com planos de luzes cortantes e redondezas muito lisas de esplendores que o zumbido de um aeroplano altíssimo torneava melodiosamente.

A pontuação, ou melhor, a falta desta, pode ser encontrada em diversas outras passagens do "antefato", sempre seduzindo o leitor com a aparente desordem instaurada na frase. Eis alguns exemplos: "...uma com uma leve curva especial de boca ventre ou quadris"[2], ou "...uma rapidez de voo que oferecia às bocas observadoras 29 tornozelos prateados de mulheres misturados a cubos de rodas e a asas de hélice todas feitas com macia massa fermentada."[3]

A velocidade imprimida à linguagem também pode ser verificada nas construções de frases curtas, em sua maioria nominais que culminam na afirmação de que "somos o futuro":

> Arte leve voadora. Arte temporânea. Arte comestível. O eterno feminino fugitivo aprisionado no estômago. A apaixonada superaguda tensão das mais frenéticas luxúrias finalmente saciadas. Vocês nos julgam sel-

---

[2] Marinetti, F. T. *A cozinha futurista*. Milão: Marinotti, 1998. p. 11.
[3] *Idem, Ibidem*. p.11.

vagens, outros nos creem complicadíssimos e civilizadíssimos. Somos os novos elementos instintivos da grande Máquina futura lírica plástica arquitetônica, toda novas leis, toda novas diretrizes.[4]

Outro trecho é todo construído mesclando substantivos soltos "ao acaso", frases nominais curtas e verbos no infinitivo, atendendo às regras do *Manifesto técnico da literatura futurista*:

> Com calma retomar a matéria. Crucificá-la sob pregos agudos de vontade. Nervos. Paixão. Alegria dos lábios. Todo o céu nas narinas. Estalar de língua. Conter a respiração para não estragar um sabor cinzelado.
> Às seis da tarde desenvolver-se no alto de doces dunas de carne e areia em direção a dois grandes olhos de esmeralda...[5]

O substantivo que deve ser acompanhado de seu duplo, como a "nicchia-tana" (que traduzimos por concha-toca), tem espelhamento num verbo acompanhado de seu duplo na proposição "inaugurar-degustar" a mostra de escultura comestível. Uma mostra é normalmente inaugurada, mas esta, por seu caráter ambíguo, deveria também ser degustada.

Parece-nos importante também ressaltar a larga utilização das orações reduzidas, mais frequentemente de gerúndio e de particípio. Acreditamos que este tipo de construção seja privilegiado por suprimir o sujeito da frase e também uma conjunção, o que facilitaria muito a tarefa de construir uma linguagem concisa, moderna, sem palavras desnecessárias. Observemos alguns exemplos que documentam o fenômeno:

> ... alto complexo plástico de massa folhada esculpida em camadas degradantes de pirâmide...

---

4   *Idem, Ibidem.* p.14.

A cozinha futurista

No alto, um cilindro de massa de milho que, girando em seu eixo, ao aumentar a velocidade espalhava por todo o recinto uma massa enorme e algodão-doce e ouro.

...Giulio Onesti, que se improvisava cozinheiro-escultor...

... oferecia às bocas observadoras 29 tornozelos prateados de mulheres......

um complexo plástico de chocolate e torrone, representando as formas da nostalgia e do passado precipitou abaixo com um estrondo enlameando tudo...

Marinetti, Prampolini e Fillìa, colaborando, tinham-lhe inoculado o suave magnetismo...

... sua arquitetura oblíqua de curvas macias perseguindo-se no céu...

Marinetti, Prampolini e Fillìa falaram, alternando-se...

O eterno feminino fugitivo aprisionado no estômago.

... Giulio girando levemente a cabeça para a direita e para a esquerda...

Ajoelhando-se diante dele, começou a amorosa adoração...

A escrita marinettiana tem também outra peculiaridade que vale a pena evidenciar: o gosto pela visualização. Longos parágrafos e períodos são utilizados para descrever locais, situações ou personagens, mas sempre privilegiando o "estilo analógico". O próprio Maninetti explica esse estilo:

> Para dar os movimentos sucessivos de um objeto, é necessário dar a cadeia de analogias que ele evoca, cada uma delas condensada, recolhida numa palavra essencial. (...) Em alguns casos precisará juntar as imagens duas a duas, como as bolas acorrentadas, que arrancam, em seu vôo, todo um grupo de árvores[5].

---

5 Bernardini, Aurora Fornoni. *O futurismo italiano*. São Paulo: Perspectiva, 1980.

Nessas analogias, as pessoas, os lugares e mesmo as comidas são sempre relacionadas a máquinas, ou partes destas. Assim temos os poetas que enquanto falam alternam-se como três êmbolos bem lubrificados da mesma máquina e a cozinha, transformada em fantásticos laboratórios. Um dos pratos, que era a escultura de uma mulher, oferecia às bocas observadoras vinte e nove tornozelos prateados misturados a cubos de rodas e asas de hélice, tudo feito com macia massa fermentada. Outro prato era um complexo plástico a motor comestível, perfeito. Essa relação entre a vida cotidiana e a modernidade imposta pelas máquinas estava de acordo com os ideais do movimento.

A escolha do vocabulário confirma essa ideologia. É grande o repertório lexical que se refere às máquinas, aos automóveis e respectiva velocidade, ao voo. Numa rápida lista de elementos referentes a cada uma destas categorias, encontramos, para máquinas, partes destas ou indícios de modernidade: fantásticos laboratórios, cilindro de massa girando em seu eixo, cubos de roda, asas de hélice, roda dentada, complexo plástico a motor, globos elétricos, três êmbolos bem lubrificados da mesma máquina, grande máquina futura lírica plástica arquitetônica

O campo semântico concernente ao voo traz aeropintores, volantista, aeroescultores, aeropoesias, hélices esvoaçantes, zumbido de um aeroplano altivo, equilíbrio, aerodinamismo lírico-plástico, tapete de plumas que parece viajar, arte leve voadora. A velocidade é representada pelo automóvel, espirais de vento expressos em encanamentos, velocidade, síntese de todos os automóveis famosos, trabalho muscularmente acelerado.

Escolha lexical também recorrente nesta obra é a "erótico-culinária", ou, porque não dizer, "metaforicamente antropofágica". As esculturas representam mulheres que podem ser deglutidas, e, devido a isso, os adjetivos culinários são usados para mulheres, sendo que o contrário também ocorre. No já citado trecho em que Giulio Onesti degusta uma das esculturas e que foi comparado a um ato sexual, podemos observar que este culmina no nascimento do sol, porém impregnado de

A cozinha futurista

um vocabulário humano: "as nuvens deram à luz um precipitante raio cor de laranja com longas pernas verdes". O ato sexual gerara um fruto, metafórico, mas que deixa o futurista Giulio Onesti feliz, realizado e finalmente livre de seus desejos suicidas.

O processo de nominalização permite a transformação de qualquer vocábulo em substantivos, faz de palavras lexicais corriqueiras e apagadas, embora importantíssimas, palavras lexicais de cunho afetivo. Marinetti usa repetidas vezes o pronome *Lei* (ela), às vezes com inicial maiúscula, que em italiano é pronome de terceira pessoa para tratamento de respeito, de cortesia, outras vezes com inicial minúscula, como pronome de terceira pessoa referindo-se às Mulheres de Giulio Onesti, a que se suicidou e a outra que se parece muito, mas não o suficiente.

Escrevo Mulher com maiúscula, pois o pronome utilizado no lugar do substantivo em todas as referências feitas a "ela" assume um significado complexo, sugerindo tudo o que constitui o ser, sua personalidade, sua importância. São inúmeras também as referências anafóricas a estas mulheres, cujos nomes jamais são mencionados: "Esta", "aquela que se parece com ela mas não muito","Ela", "a outra ", "a morta", complexo plástico "dela", "a Nova", "a" ofereceremos, "para ela", "a supraveniente", "aquela boca iminente","ele [o complexo plástico] vai vencê-la", "para ela, por ela", "belíssima mulher", "ninguém a comerá", "a mulher". A certo ponto do antefato, Giulio promete mais tarde dizer o nome dela, e quem ela é, mas essa promessa não é cumprida. Giulio fica embriagado com a escultura manducada antes de fazê-lo.

Se no texto deste "antefato poético tragicômico" as referências mais importantes estão relacionadas à velocidade, às máquinas e à degustação erótica, no *Manifesto da cozinha futurista* é mais comum encontrar palavras relacionadas à arte, além, claro, das referências ao mundo moderno, tão idolatrado pelos futuristas.

Isto se dá provavelmente porque Marinetti pretendia elevar a condição da culinária ao mesmo patamar das artes plásticas não comestíveis, como a pintura, a escultura ou a arquitetura.

No tocante às construções sintáticas, os mesmo modelos são encontrados. Comecemos com parágrafos que alternam sequências de adjetivos sem pontuação, e sequências de substantivos "ao acaso", esses bem separados por vírgulas, como os exemplos abaixo:

> Sentimos, além disso, a necessidade de impedir que o Italiano torne-se cúbico, maciço enchumbado por uma compacidade opaca e cega. Harmonize-se, ao contrário, sempre mais com a italiana, delgada transparência espiral de paixão, ternura, luz, vontade, ousadia, tenacidade heroica. Preparamos uma agilidade de corpos italianos adaptados aos levíssimos trens de alumínio que substituirão os atuais pesados de ferro madeira aço.[6]

> (...) Por exemplo, contrasta com o espírito vivaz e com a alma apaixonada generosa intuitiva dos napolitanos. Estes foram combatentes heroicos, artistas inspirados, oradores impetuosos, advogados engenhosos, agricultores tenazes a despeito do volumoso macarrão quotidiano.[7]

Ou ainda, num período longo em que faltaria até mesmo fôlego para o leitor que não impusesse suas próprias pausas no texto. É possível que aqui o período tenha sido escrito nesse ritmo lento para acentuar o peso do macarrão nos estômagos, o sono proveniente desse bloco maciço em nossos estômagos, logo após a crítica feroz ao alimento:

---

[6] Bernardini, Aurora Fornoni. *O futurismo italiano*. p. 21.
[7] *Op. cit.* p. 22.

A cozinha futurista

O macarrão, nutritivamente inferior em 40% à carne, ao peixe, aos legumes, liga com seus emaranhados os italianos de hoje aos lentos teares de Penélope e aos sonolentos veleiros, à busca de vento. Por que opor ainda o seu pesado bloco à imensa rede de ondas curtas longas que o gênio italiano lançou sobre os oceanos e continentes, e às paisagens de cores formas rumores que a rádio-televisão faz navegar em torno da terra?

A repetição também aparece neste texto, à força de evitar a indicação do sujeito nas frases, opta o poeta pela construções impessoais. Notem que não há vírgulas na passagem, mas permanecem as conjunções: "... nós afirmamos esta verdade: pensa-se, sonha-se e age-se segundo o que se bebe e o que se come".

As passagens cujos argumentos são mais "futuristas", isto é, relacionados de alguma forma à revolução cultural e social defendida pelo movimento, parecem ter a linguagem mais cuidadosamente trabalhada no sentido de alcançar também a revolução linguística. O trecho "As máquinas constituirão rapidamente um obediente proletariado de ferro aço alumínio a serviço dos homens quase totalmente aliviados do trabalho manual" ignora a necessidade de vírgulas entre os componentes metálicos das máquinas. O mesmo acontece na descrição dos pratos simultâneos, cujas vírgulas foram abolidas: "Estes complexos plásticos saborosos coloridos perfumados e táteis que formarão perfeitas refeições simultâneas."

A última frase do manifesto também traz modificações sutis na construção da frase, ao dizer que indicadores químicos, na cozinha do futuro, corrigirão: "falta de sal, excesso de vinagre, excesso de pimenta, excesso de doce". O substantivo mancanza é substituído por manca, que se refere também à mão esquerda, metaforicamente o inusual, o diferente. O sentido da palavra é garantido pelo contexto, falta uma coisa, sobram outras. Dentre os elementos que sobram, temos uma sequência de três: "vinagre, pimenta e doce". A lógica linguística diz que o último elemento também deveria ser um substantivo, como o vinagre e a pimenta, mas o autor preferiu causar este estranhamento, colocando o adjetivo doce no lugar do previsível açúcar.

Dissemos acima que a culinária estaria, para Marinetti, no mesmo patamar de outras artes plásticas. A observação de uma ou duas receitas propostas pelo manifesto provam que a aparência do prato conta tanto quanto (ou até mais que) o sabor deste. O *Salmão do Alasca aos raios de sol com molho Marte* deve ser cuidadosamente trabalhado de forma artística antes de ser apresentado ao comensal. Após grelhar o filé com sal e azeite, dispõem-se sobre as fatias alguns filetes de anchova entrelaçados, imitando um jogo de damas. Sobre cada fatia, uma rodelinha de limão com alcaparras, além do molho que o acompanha.

Outra invenção famosa da cozinha futurista é o *Carnescultura* composto por uma grande almôndega cilíndrica de carne de vitela assada recheada com onze qualidades diferentes de verduras e legumes cozidos. O cilindro é disposto verticalmente no centro do prato, coberto de mel e sustentado na base por um anel de linguiça que se apoia sobre três esferas douradas de carne de frango.

A cor, forma, aparência do prato devem ser levadas em conta, assim como o cheiro e o sabor. Mais uma vez, temos a junção dos sentidos para proporcionar o maior prazer gustativo possível.

O vocabulário referente às sensações, ou, melhor dizendo, aos sentidos, também foi tratado e escolhido com cuidado por Marinetti. Desde o "antefato" até o *Manifesto da cozinha futurista*, podemos ver tantas referências aos sentidos que nos pareceu mais lógico separar de acordo com cada um deles. Entretanto, como o intuito dos autores é mesclar os sentidos para atingir deste modo uma gama completa de sensações, limitar-nos-emos a relacioná-los na ordem em que aparecem nos textos, selecionando apenas as ocorrências em que ao menos dois sentidos são mencionados na mesma proposição.

A cozinha futurista

O quarto é revestido de "remorso vermelho aveludado"; à cozinha eram transportados grandes pesados sacos que descarregavam piramidais montes amarelos, vermelhos, brancos, pretos, vermelhos; a carne da curva era a tal ponto gostosa, e "E brilhava de uma sua penugem açucarada excitando o esmalte dos dentes nas bocas atentas dos dois companheiros. Acima, esférica doçura de todos os seios ideais; o trabalho foi recomeçado sendo os futuristas "deliciosamente estimulados pelos longos raios elásticos de uma aurora, nuvens vermelhas, cantos de pássaros, chiados de águas lenhosas cuja laqueadura verde"; havia uma atmosfera "pródiga de formas cores com planos de luzes cortantes e lisíssimas redondezas de esplendores que o zumbido de um aeroplano altíssimo torneava melodiosamente".

Aparecem também mãos inspiradas e narinas abertas para dirigir a unha e os dentes; Giulio inebriado beija com a língua sua obra de arte; os futuristas intuíam e saboreavam "ela" entre os perfumes de baunilha, biscoitos, rosas, violetas e lírios; alegria dos lábios, todo o céu nas narinas, estalar de língua, conter a respiração para não estragar um sabor cinzelado; os amigos esculpiram tantos deliciosos odores sabores cores ou formas; a apreciação das obras de arte por eles produzidas exigem não somente os olhos e relativa admiração, não somente o tato e relativas carícias, mas os dentes, a língua, o estômago, o intestino igualmente enamorados.

Seguem-se certos sabores e certas formas, o eterno feminino fugitivo aprisionado no estômago; máquina futura lírica plástica arquitetônica; paisagens de cores forma rumores; a harmonia da mesa com os sabores e cores das iguarias; a invenção de complexos plásticos saborosos, cuja harmonia original de formas e cores nutra os olhos e excite a fantasia antes de tentar os lábios; complexos plásticos saborosos coloridos perfumados e táteis que formarão perfeitas refeições simultâneas.

Observando o texto, temos com relação à visão o maior número de incidências, mas é provável que isso aconteça devido ao gosto marinettiano pela descrição, recorrente em toda a sua obra. Apesar de defender a incorporação dos outros sentidos à literatura, a visão continua sendo o maior atrativo disponível aos escritores.

Dificuldades da tradução

Na tradução, tentamos seguir os preceitos futuristas observados na língua original, mantendo a pontuação e a ausência desta. Mantivemos as classes gramaticais sempre que isso não prejudicasse a compreensão em português; tentamos manter as inversões na ordem das frases, bem como o posicionamento dos adjetivos, preservando tanto a construção original quanto o entendimento em português.

O uso de maiúsculas e minúsculas iniciais das palavras, nomes dos pratos e de pessoas foi sempre conservado como o original em italiano, bem como o uso de itálico, negrito e aspas. Mantivemos também um parêntese que foi aberto, mas não fechado, apesar da possibilidade de ser um erro tipográfico. Seria necessário, aqui, ter acesso às diversas edições do livro para verificar a ocorrência do problema.

O nome dos colaboradores futuristas, pseudônimos na realidade, foram mantidos ainda que alguns pudessem ser sugestivos e divertidos. Esse é o caso de Escodamé, que, se traduzido – Saio sozinho (não precisam me mandar embora) –, indicaria uma pessoa inconveniente, que não é bem recebida por outrem. Mas não nos enveredamos por este campo, para evitar brincadeiras e analogias impertinentes

Um problema verificado na primeira parte do livro – "antefato poético tragicômico" – foi o uso da forma de tratamento entre os futuristas e *"Ela"*. Como sabemos, existem em italiano três formas de tratamento possíveis para o interlocutor (2ª. pessoa do discurso): *Tu*, num tratamento informal, entre amigos ou entre familiares, hoje em dia muito comum entre os jovens; *Lei*, quando o tratamento é formal, entre pessoas que não se conhecem suficientemente, em relacionamentos profissionais e

A cozinha futurista

para demonstrar respeito; e *Voi*, tratamento também formal se dirigido a um único interlocutor, é pouco utilizado atualmente, com algumas exceções nas regiões meridionais ou em língua escrita.

O livro, escrito em 1932, confunde o leitor ao misturar os dois tratamentos formais. *"Ela"*, *"Lei"* em italiano, é sempre tratada com esse pronome e seus correlatos (*Le, La, a lei, per lei, da lei*), porém, em uma única passagem, esse tratamento é modificado e passa a *"voi"*. Encontramos a passagem: "ninguém a comerá por hora - disse Prampolini - a menos que o magérrimoFillìa...". Esta fala é dirigida a ela, à Nova. Ele não se refere às esculturas comestíveis, mas à mulher, o que reafirma nossa suspeita antropofágica já explicitada anteriormente.

Há no livro algumas partes escritas em francês e em inglês. Trata-se da polêmica despertada em outros países e publicada nos jornais locais. As notícias em francês foram simplesmente deixadas na língua original, pois são simples traduções dos manifestos ou de cardápios já mencionados em italiano. A reportagem em inglês, publicada no jornal britânico *The Herald*, apresenta informações novas e apreciações críticas do movimento, foi por esse motivo traduzida em nota ao final do capítulo. Dois outros trechos também foram traduzidos em nota por estarem escritos em latim vulgar, quase em italiano.

Os campos semânticos, especialmente os referentes às máquinas e ao voo, foram pesquisados e mantidos. Assim, a palavra *volantista*, usada para motorista, mas que alude tanto ao volante do automóvel quanto ao que tem a capacidade de voar, foi mantida como volantista em português, já que a raiz latina permite a identificação pelo leitor de língua portuguesa, com os mesmos dois sentidos encontrados em italiano.

O prefixo aero-, acoplado a pintor, pictórico, escultor, poesia e poeta, complexo escultural ou plástico, dinamismo e até aos pratos servidos, foi sempre mantido, pois confere leveza e mobilidade às palavras e, aparentemente, às pessoas e objetos, que parecem perder o "pesado incômodo" no estômago. Culpa do macarrão, obviamente. Foram também encontrados os óbvios aeroplanos e certos aerodinamismos lírico-plásticos, aerocumes, aerocerâmicas, aeroiguarias e aerobanquetes, que, contrariamente ao esperado, não eram servidos em pleno voo, embora pudessem ser forjados ambientes que lembrassem a fuselagem de um avião.

Ainda nos atendo ao vocabulário relativo a voar, Marinetti opta pra chamar o frango de *volatile*, palavra de uso comum na Itália, mas que retoma o léxico privilegiado por ele.

Passemos agora do voo à comida. O vocabulário referente à comida não oferece muitos problemas ao falante de português do Brasil, tão grande é a influência italiana em nossa culinária. Os nomes de diferente cortes de macarrão ou de massas rechadas, como ravioli, lasanha, tagliatelle, tagliarini, espaguete, trenette, foram mantidas em italiano, apenas usando a grafia aportuguesada quando esta existia. Assim, no texto em português, podemos nos deparar com tortelini in brodo ou espaguete ao sugo, sem que isso prejudique a compreensão. Uma única nota foi dispensada ao "vermicelli al pomodoro", por se tratar de um corte não frequente no Brasil.

As palavras que designam refeição ou prato apresentaram mais dificuldades, já que em italiano "pranzo" pode designar tanto o almoço quanto uma refeição mais elaborada, em qualquer horário do dia. Optamos, por isso, às vezes, por refeição no lugar de almoço. Aparecem também palavras com tom bastante pejorativo para certas comidas, como "intrugli" ou "maledetta pietanza"; nesse caso, optamos por lavagem, que remete à comida oferecida aos porcos. "Vivanda" foi quase sempre traduzida por vianda, mantendo assim o mesmo radical latino.

Outro vocábulo de difícil tradução foi "bocconi", utilizado em alguns restaurantes aqui no Brasil, designam comidas que não precisam ser cortadas para serem comidas, têm o tamanho certo para serem introduzidas na boca. Traduzimos uma vez por bocados, outra por prato, já que o bocado pareceria fora de contexto.

A cozinha futurista

O nome dos pratos, quase sempre originais, foram traduzidos literalmente. Assim, quando Marinetti propunha um "Tuttoriso", traduzimos por Todoarroz, com a mesma forma de composição em justaposição feita em italiano. Encontramos também, raras vezes, composições por aglutinação. Aparecem, com a mesma lógica linguística, Frangofiat, Hortotátil, Decolapaladar, Tedesejo, Carnadorada, Guerranacama, Teamareiassim, Superpaixão, Estanoiteláemcasa e inúmeras outras contruções similares.

O famoso Carnescultura em português não manteve o radical do original "carneplástico", pois a palavra plástico aqui, embora tenha o sentido de forma, escultura preservado nas artes plásticas que envolvem também a pintura, remete ao derivado de petróleo e poderia afastar paladares curiosos. O plástico, em nossa culinária, é a ausência de sabor aliada a uma consistência indesejável em algo a ser ingerido.

Os neologismos criados por Marinetti também foram alvo de grande atenção, e sempre que identificados, mesmo quando havia palavra bastante aproximada em português, tentamos construir uma que fosse nova, para mantermo-nos fiéis à construção original. Daí surgiu a revolução "cozinhária", tradução do neologismo italiano "cucinaria", usado no lugar da conhecida culinária, palavra que atende tanto o italiano quanto o português.

Marinetti recusou também o conhecido "xenofilia", inventou "esterofilia", que traduzimos estrangeirofilia. O sentimento que faria alguns cidadãos renegarem sua pátria foi definido "antitalianità", resultou em antitalianidade em português, bem como os vocábulos justapostos "criticomania" ou "benpensanti", respectivamente criticomania e bempensantes.

A certo ponto da leitura, encontramos um prato "sinottico-singustativo". Como traduzir este adjetivo tão abrangente? O prato privilegiava diversos ingredientes, coloridos, dispostos de forma determinada e com certos sabores, que deveriam se unir mediante escolhas feitas pelos comensais. O prefixo grego sin- designa uma ação conjunta, logo, ação conjunta dos olhos e ação conjunta dos sabores. Mais uma vez optamos por não traduzir, para que o leitor, ao buscar o significado das partes das palavras, descubra ele também o que é o prato sinótico-singustativo.

O cardápio extremista apresenta, entre muitos odores prazerosos ou não, duas palavras novas, ambas referentes ao barulho das rãs entre as águas podres do lago: *polichiaccherio* e *quaccherologia*. Traduzimos por policonversação a primeira, embora não reproduza bem o sentido da conversa tumultuada, barulhenta e rumorosa dos anfíbios em questão. A *quaccherologia* foi mais intrigante. O sufixo-logia indica estudo e *quacchero* se refere, de acordo com o dicionário, aos "Quakers" – quacre em português –, membros da seita protestante fundada na Inglaterra e difundida nos Estados Unidos, que não aceitam sacramento algum, não prestam juramento perante a Justiça, pregam a intransigência puritana e a simplicidade de vida. Optamos pela tradução quacrelogia, ainda que o sentido pretendido pelo autor não pareça claro.

Lembrando que o futurismo é um movimento nacionalista, especialmente nos últimos anos de sua existência por sua aproximação política com o fascismo, observamos a negação dos vocábulos de origem inglesa ou francesa na cultura – e na culinária – italiana. Marinetti propõe com essa finalidade uma modificação no léxico culinário italiano, utilizando palavras nacionais, de modo a evitar qualquer estrangeirismo.

O último capítulo do livro, o "pequeno dicionário da arte cozinhária futurista", traz opções para palavras já incorporadas ao vocabulário italiano, mas agora renegadas por Marinetti. Os franceses "Marrons Glacés" transformam-se em castanhas confeitadas, "consommé" serão consumidos, "fondants" serão apenas fundentes, "fumoir" será fumatório, "maitre d'hotel" é guiapaladar, "menu" será substituído por lista ou listadepratos, "mélange" será mistura, "flan" vira pasticho, "dessert" é paraselevantar, "purée" é substituído por pasta e "bouillabaisse" restringe-se a sopa de peixe.

A cozinha futurista

É bastante curiosa a reflexão feita para alcançar a palavra "paraselevantar", *peralzarsi* em italiano, em substituição ao francês *dessert*. A sobremesa é a última a ser ingerida, pois café e licores eram via de regra servidos em outra sala. Ao terminar a degustação, o movimento tão caro à ideia futurista era incluída na refeição: todos se levantam.

Os ingleses também sofrem retaliação, e o "barman" vira mexedor, "cocktail" vira polibebida, "picnic" se torna um agradável almoçoaosol, "bar" é substituído por aquisebebe, "tea-room" torna-se sala de chá e o internacional "sandwich" transmuta-se em entreosdois.

Um último neologismo marinettiano para encerrar as dificuldades: *parolibero*, usado tanto como substantivo, em "o parolibero Fillìa" quanto como adjetivo, em "uma conversação parolibera". O processo em italiano foi a aglutinação da palavras parola + libero = parolibero. No entanto, em português parecia inviável a aglutinação de palavra + livre, pela incidência dupla do encontro consonantal "vr". A solução encontrada foi utilizar um sinônimo de palavra, vocábulo, cuja sílaba final continha a mesma consoante da sílaba inicial de livre. Logo: vocábulo + livre = vocabulivre.

III

A cozinha futurista

Tradução

Sumário da Cozinha Futurista

Uma refeição que evitou um suicídio   113

O manifesto da cozinha futurista   122

A revolução cozinhária   161

Os cardápios futuristas   199

Receituário futurista   238

Pequeno dicionário da arte cozinhária futurista   267

Contrariamente às críticas lançadas e àquelas previsíveis, a revolução cozinhária futurista, ilustrada neste volume, tem o propósito alto nobre e útil a todos de modificar radicalmente a alimentação de nossa raça, fortificando-a, dinamizando-a e espiritualizando-a com novíssimas iguarias nas quais a experiência, a inteligência e a fantasia substituam economicamente a qualidade, a banalidade, a repetição e o custo.

Esta nossa cozinha futurista, regulada como o motor de um hidroplano para altas velocidades, parecerá louca e perigosa a alguns passadistas tremebundos: ela quer, ao contrário, finalmente criar uma harmonia entre o paladar dos homens e sua vida de hoje e de amanhã.

Salvo exceções louváveis e legendárias, até hoje os homens alimentaram-se como as formigas, os ratos, os gatos e os bois.

Nasce com nós futuristas a primeira cozinha humana, isto é, a arte de se alimentar. Como todas as artes, esta exclui o plágio e exige originalidade criativa.

F.T. Marinetti e Fillìa

Não por acaso esta obra vem publicada durante a crise econômica mundial cujo desenvolvimento parece incalculável, mas pode-se calcular o perigoso pânico deprimente. A este pânico nós opomos uma cozinha futurista, isto é: o otimismo à mesa.

1.
Uma refeição que evitou um suicídio

O poético antefato tragicômico

Em onze de maio de 1930 o poeta Marinetti partia de automóvel em direção ao lago Trasimeno, obedecendo a este preocupante, extravagante e misterioso telegrama:
"Caríssimo uma vez que Ela partiu definitivamente fui acometido de torturante angústia PT imensa tristeza proíbe-me sobrevivência PT suplico-lhe venha rápido antes que chegue aquela que se parece muito com Ela mas não o suficiente GIULIO".
Marinetti, decidido a salvar seu amigo, convocou telefonicamente a presença de Enrico Prampolini e Fillìa, cuja grande genialidade de aeropintores pareceu-lhe adaptar-se ao caso sem dúvida gravíssimo.

F.T. Marinetti e Fillìa

Cirurgicamente o volantista do automóvel procurou e encontrou, nas margens feridas e entre os canaviais doloridos do Lago, a casa. Na verdade, ela se escondia ao fundo do parque, que alternava pinheiros umbelíferos oferecidos ao Paraíso e ciprestes diabolicamente mergulhados na tinta do Inferno, um verdadeiro Palácio, mais que uma casa.

Na entrada, diante da porta do automóvel, o rosto emagrecido e a mão estendida muito branca de Giulio Onesti. Este pseudônimo que mascarava seu verdadeiro nome, sua intervenção belicosa e criativa nas noitadas futuristas de vinte anos antes, a sua vida de ciência e de riquezas acumuladas no Cabo da Boa Esperança, a sua repentina fuga dos centros habitados, encheram a conversação vocabulivre que precedeu o jantar no policromático Aquisebebe da casa.

À mesa, na sala revestida de vermelho remorso aveludado, que bebia por amplas janelas uma meia-lua nascente mas já imersa na morte das águas, Giulio murmurou:

– "Intuo em seus paladares a chatice de um antiquíssimo hábito e a convicção de que tal modo de se nutrir conduz ao suicídio. Pois bem, confesso-me brutalmente a vocês e a sua provada amizade: há três dias a ideia de suicídio ocupa toda a casa e também o parque. Por outro lado ainda não tive a força de entrar. O que vocês me aconselham?" –

Longo silêncio.

– "querem saber o porquê? Eu lhes digo: Ela, você a conhece, Marinetti! Ela se suicidou há três dias em Nova Iorque. Certamente me chama. Agora, por uma estranha coincidência, intervém um fato novo e significativo. Eu recebi ontem este telegrama... é da outra que se parece com ela... muito... mas não o suficiente. Dir-lhes-ei outro dia o seu nome e quem é. O telegrama anuncia a sua iminente chegada..."–

Longo silêncio. Depois do que Giulio foi tomado por um tremor convulsivo irreprimível:

A cozinha futurista

– (não quero, não devo trair a morta. Então suicidar-me-ei esta noite![1]
– "a menos que ? " – gritou Prampolini
– "a menos que ? " – repetiu Fillìa.
– "A menos que ? " – concluiu Marinetti – a menos que você nos conduza imediatamente às suas ricas e abastecidas cozinhas."–
Entre os cozinheiros estarrecidos e ditatorialmente desautorizados, os fogos acesos, Enrico Prampolini gritou:
– "são necessários às nossas mãos geniais cem sacos dos seguintes ingredientes indispensáveis: farinha de castanhas, farinha de trigo, farinha de amêndoas, farinha de centeio, farinha de milho, chocolate em pó, pimenta vermelha, açúcar e ovos. Dez jarras de óleo, mel e leite. Cem quilos de tâmaras e de bananas."–
– "você será atendido ainda nesta noite"– ordenou Giulio.
Imediatamente os empregados começaram a transportar grandes e pesados sacos que, descarregando piramidais pilhas amarelas, brancas, pretas, vermelhas, transformavam as cozinhas em fantásticos laboratórios onde as enormes caçarolas emborcadas no chão transformavam-se em pedestais grandiosos predispostos a uma escultura imprevisível.
– "ao trabalho – disse Marinetti – oh, aeropintores e aeroescultores. As minhas aeropoesias ventilarão seus cérebros como hélices esvoaçantes."–
Fillìa improvisou um aerocomplexo plástico de farinha de castanhas, ovos, leite, chocolate, onde camadas atmosféricas noturnas eram intercaladas por camadas de alvoreceres acinzentados com espirais de vento expressos em tubulações de massa podre.
Enrico Prampolini, que havia ciumentamente cercado de biombos o seu trabalho criativo, ao primeiro alvorecer que atravessou o cintilante horizonte pela janela aberta, gritou:

---
1 O parêntese não foi fechado no original.

– "Tenho-a finalmente entre meus braços e é de tal modo bela, fascinante e carnal que pode curar qualquer desejo de suicídio. Venham admirá-la."–

Derrubou os biombos e apareceu o misterioso suave tremendo complexo plástico d'ela. Comestível. Era a tal ponto saborosa a carne da curva que significava a síntese de todos os movimentos do quadril. E brilhava de uma sua penugem açucarada excitando o esmalte dos dentes nas bocas atentas dos dois companheiros. Acima, as esféricas doçuras de todos os seios ideais falavam em distância geométrica à cúpula do ventre mantida pelas linhas-força das coxas dinâmicas.

– "não se aproximem – gritou a Marinetti e a Fillìa – não a cheirem. Afastem-se. Vocês têm más bocas vorazes. Vocês a comeriam toda, sem respirar." –

Retomaram o trabalho deliciosamente estimulados pelos longos raios elásticos de uma aurora, nuvens vermelhas, cantos de pássaros, chiados de águas lenhosas cuja laqueadura verde estourava em brilhos dourados.

Atmosfera inebriante pródiga de formas cores com planos de luz escortantes e lisíssimas redondezas de esplendores que o zumbido de um aeroplano altíssimo torneava melodiosamente.

Mãos inspiradas. Narinas abertas para guiar as unhas e o dente. Às sete horas nascia do maior forno da cozinha *a paixão das loiras,* alto complexo plástico de massa folhada esculpida em camadas degradantes de pirâmide, cada uma com uma leve curva especial de boca ventre ou quadris, um seu modo de flutuar sensualíssimo, um sorriso seu de lábios. No alto, um cilindro de massa de milho que, girando em seu eixo, ao aumentar a velocidade espalhava por todo o recinto uma grande quantidade de algodão-doce de ouro.

Idealizado por Marinetti, realizado sob suas ordens por Giulio Onesti, que se improvisava cozinheiro-escultor, angustiadíssimo e trêmulo, o complexo plástico foi por ele mesmo colocado sobre uma gigantesca caçarola de cobre de cabeça para baixo.

A cozinha futurista

Logo competiu tanto com a força dos raios solares a ponto de inebriar o escultor que infantilmente beijou sua obra com a língua.

Foram desenformados por Prampolini e Fillìa: uma *velocidade esguia*, esbeltíssimo "lazo" de massa podre, síntese de todos os automóveis famosos de curvas longínquas e uma *rapidez de voo* que oferecia às bocas observadoras vinte e nove tornozelos prateados de mulheres misturados a cubos de rodas e a asas de hélice todas feitas com macia massa fermentada.

Com bocas de antropófagos simpáticos, Giulio Onesti, Marinetti, Prampolini e Fillìa restauravam seus estômagos de quando em quando com um saboroso pedaço de estátua.

No silêncio da tarde o trabalho tornou-se muscularmente acelerado. Massas saborosas para transportar. A torrente do tempo fugia-lhes sob os pés, em equilíbrio sobre as pedras polidas e trêmulas do pensamento.

Em uma pausa, Giulio Onesti disse:

– "se a Nova chega com o crepúsculo ou com a noite, oferecer-lhe-emos uma aurora artística comestível realmente inesperada. Entretanto, não trabalhamos para ela. A sua boca, se bem que ideal, será aquela de uma convidada qualquer."

No entanto, Giulio Onesti manifestava uma inquietude que não correspondia à serenidade futurista de seu cérebro. Temia a que estava por vir. Aquela boca iminente preocupava também os três futuristas que trabalhavam. Intuíam-na e saboreavam-na entre os perfumes de baunilha, de biscoitos, de rosas violetas e acácias que no parque e na cozinha a brisa primaveril, ébria de esculpir ela também, remisturava.

Novo silêncio.

Bruscamente um complexo plástico de chocolate e torrone, representando as *formas da nostalgia e do passado* caiu com um estrondo enlameando tudo de líquidas trevas viscosas.

F.T. Marinetti e Fillìa

Com calma retomar a matéria. Crucificá-la com pregos agudos de vontade. Nervos. Paixão. Alegria dos lábios. Todo o céu nas narinas. Estalar de língua. Conter a respiração para não estragar um sabor cinzelado.

Às seis da tarde desenvolver-se no alto de doces dunas de carne e areia em direção a dois grandes olhos de esmeralda nos quais a noite já se adensava. A obra-prima. Tinha como título *as curvas do mundo e os seus segredos*. Marinetti, Prampolini e Fillìa, colaborando, tinham-lhe inoculado o suave magnetismo das mulheres mais belas, e das mais belas Áfricas sonhadas. A sua arquitetura oblíqua de curvas macias perseguindo-se no céu escondia a graça de todos os pezinhos femininos em uma farta e açucarada relojoaria verde de palmeiras de oásis que mecanicamente engrenavam os seus tufos à roda dentada. Mais abaixo sentia-se a estridente felicidade dos riachos paradisíacos. Era um complexo plástico a motor comestível, perfeito.

Prampolini disse:
– "verão que ele a vencerá."
Soou mediunicamente a campainha no fundo do parque.

***

À meia-noite, na vasta sala das armas, os futuristas Marinetti, Prampolini e Fillìa esperavam o dono da casa convidado, por sua vez, para inaugurar–experimentar juntos a grande Mostra de escultura comestível já pronta.

Em um canto, perto de uma vidraça cheia de ácidas e doentias luzes sublacustres, montes de alabarda e feixes de carabinas, em rixa com dois enormes canhões de montanha, haviam sido amontoados rechaçados brutalmente como por uma mágica força sobre-humana.

Sobre-humana, na realidade, resplandecia no ângulo oposto, sob onze globos elétricos, a mostra dos vinte e dois complexos plásticos comestíveis.

A cozinha futurista

Entre todos, aquele intitulado *as curvas do mundo e os seus segredos* perturbava. Como exauridos por tanto aerodinamismo lírico-plástico, jaziam cansadíssimos Marinetti, Prampolini e Fillìa sobre um amplo tapete de plumas dinamarquesas que pela maciez madreperolada à luz elétrica parecia viajar, nuvem investida por projetores na noite.

Prontos puseram-se em pé, porém ao som de duas vozes, uma viril mas cansada, a outra feminina e agressiva. Uma breve troca de gentilezas assombros regozijos a ela, dela. Depois, a imobilidade e o silêncio dos cinco.

Belíssima mulher, mas de uma beleza tradicional. Para sua sorte, os grandes olhos verdes, cheios de falsa ingenuidade infantil, sob a curta testa inundada de ricos cabelos quase louros e quase castanhos, revolucionavam e acendiam as curvas pacatas e a delicada elegância minuciosa do pescoço, dos ombros e das ancas esbeltas apenas embainhadas por mohair dourado.

– "não me julguem uma idiota – murmurou com graça lânguida – estou estonteada. O seu engenho me espanta. Suplico-lhes que me expliquem as razões, as intenções, os pensamentos que os dominaram enquanto esculpiam tantos deliciosos odores sabores cores ou formas."

A ela, que cuidadosa e esculturalmente escavava para o próprio corpo, nas almofadas, peliças e tapetes, uma concha-toca para fera refinada, Marinetti, Prampolini e Fillìa falaram alternando-se como três êmbolos bem lubrificados da mesma máquina.

De bruços aos seus pés, e o rosto voltado para o centro da Terra, Giulio Onesti sonhava ou escutava.

Disseram:

– "Amamos as mulheres. Muitas vezes nos torturamos com mil beijos gulosos na ânsia de comermos uma. Nuas sempre nos pareceram tragicamente vestidas. O seu coração, se apertado pelo supremo prazer do amor, pareceu-nos o fruto ideal para morder mastigar sugar. Todas as formas da fome que caracterizam o amor nos guiaram na criação destas obras de gênio e de língua insaciável. São os nossos estados de ânimo realizados. O fascínio, a graça infantil, a ingenuidade, a alvorada, o pudor, o furioso turbilhão do sexo, a chuva de todas as impaciências e de todas as denguices, os pruridos e as rebeliões contra a antiquíssima escravidão, a única e todas encontravam-se aqui, diante de nossas mãos, uma expressão artística tão intensa que exige não só os olhos e relativa admiração, não só o tato e relativas carícias, mas os dentes, a língua, o estômago, o intestino igualmente enamorados.

– "por caridade – suspirou sorrindo – moderem a sua selvageria."

– "ninguém a comerá por enquanto – disse Prampolini - a menos que o macérrimo Fillìa..." –

Acrescentou Marinetti:

– "neste catálogo da Mostra de escultura comestível, você poderá ler esta noite as originais bisbilhotices erótico-sentimentais que suscitaram nos artistas certos sabores e certas formas aparentemente incompreensíveis. Arte leve voadora. Arte temporânea. Arte comestível. O eterno feminino fugitivo aprisionado no estômago. A apaixonada superaguda tensão das mais frenéticas luxúrias finalmente saciadas. Vocês nos julgam selvagens, outros nos creem complicadíssimos e civilizadíssimos. Somos os novos elementos instintivos da grande Máquina futura lírica plástica arquitetônica, toda novas leis, toda novas diretrizes."

Uma longa pausa de silêncio fulminou de sono Marinetti, Prampolini e Fillìa. A mulher contemplou-os por alguns minutos, depois jogou a cabeça para trás e adormeceu também. O fraco murmúrio das respirações carregadas de desejo, de imagens e de ímpetos afinava-se com o murmúrio assobiado e metálico do canavial no Lago acariciado pela brisa noturna.

Cem moscões lilases azuis davam uma artística investida enlouquecida em direção aos altos globos elétricos, incandescências a serem esculpidas a qualquer custo e o mais rapidamente elas também.

A cozinha futurista

De improviso, com as costas suspeitosas de um ladrão, Giulio girando levemente a cabeça para a direita e para a esquerda, convenceu-se de que escultores e escultoras de vida dormiam profundamente. Levantou-se agilmente, sem fazer barulho, percorreu com o olhar circular a sua grande sala de armas e decidido dirigiu-se ao alto complexo plástico *as curvas do mundo e os seus segredos*. Ajoelhando-se diante dele, começou a amorosa adoração com os lábios, a língua e os dentes. Fuçando e remexendo o belo palmar açucarado, como um tigre alongado, mordeu e comeu um suave pezinho patinador de nuvens.

Às três daquela noite, com um tremendo torcer de rins, fincou os dentes no farto coração dos corações do prazer. Escultores e escultoras dormiam. Ao alvorecer comeu as esferas mamais de todo leite materno. Quando a sua língua deslizou sobre os longos cílios que defendiam as grandes joias do olhar, as nuvens velozmente adensadas sobre o Lago deram à luz um precipitante raio cor de laranja com longas pernas verdes que rompeu o canavial a poucos metros da sala das armas.

Seguiu-se a chuva das lágrimas vãs. Sem fim. Intensificava-se assim o sono dos escultores e das escultoras de vida.

Talvez para se refrescar, com a cabeça descoberta, Giulio saiu então para o parque todo invadido pelos sobressaltantes encanamentos dos rumores do trovão. Estava ao mesmo tempo desobstruído, liberado, vazio e transbordante. Aproveitador e aproveitado. Possessor e possuído. Único e total.

F.T. Marinetti e Fillìa

2.
O MANIFESTO DA COZINHA FUTURISTA

Ideologia e polêmicas

**A refeição do "Penna d'Oca"
e o manifesto
da cozinha futurista**

Desde o início do Movimento Futurista Italiano, isto é, há 23 anos (Fevereiro de 1909), a importância da alimentação sobre a capacidade criativa, fecundadora, agressiva das raças, agitou os maiores futuristas. Isto era muito discutido entre Marinetti, Boccioni, Sant'Elia, Russolo, Balla. Houve, na Itália e na França, algumas tentativas de renovação cozinhária. Subitamente, em 15 de novembro de 1930, a urgência de uma solução impôs-se:

O restaurante PENNA D'OCA de Milão, dirigido por Mario Tapparelli, ofereceu aos futuristas milaneses um banquete que queria ser um elogio gastronômico do futurismo.

Esta lista de pratos:

ganso gordo
sorvete na lua
lágrimas do deus "Gavi"
brodo de rosas e sol
favorito do mediterrâneo zig, zug, zag
cordeiro assado ao molho de leão
saladinha à aurora
sangue de Baco "terra ricasoli"

A cozinha futurista

rodinhas pontuais de alcachofra
chuva de algodão doce
espuma hilariante "cinzano"
fruta colhida no jardim de Eva
café e licores

agradou muito aos convidados: S. Ex. Fornaciari Prefeito de Milão, S. Ex. Marinetti, Dep. Farinacci, Dep. Sansanelli, S. Ex. Giordano, Umberto Notari, Pick Mangiagalli, Chiarelli, Steffenini, Repaci, Ravasio, e os futuristas Depero, Prampolini, Escodamè, Gerbino, etc.

Os menos futuristas eram os que mais aplaudiam. E era lógico porque, exceto o caldo de rosas que inebriou os paladares futuristas de Marinetti, Prampolini, Depero, Escodamè e Gerbino, as iguarias eram timidamente originais e ainda ligadas à tradição gastronômica. O cozinheiro Bulgheroni foi repetidamente aclamado.

Marinetti, convidado a falar diante de um microfone da Radio, disposto sobre a mesa entre "rodinhas pontuais de alcachofra" e "chuva de algodão doce", disse:

– "anuncio-lhes o próximo lançamento da cozinha futurista para a renovação total do sistema alimentar italiano, que deve ser adaptado o mais brevemente possível às necessidades dos novos esforços heroicos e dinâmicos impostos à raça. A cozinha futurista será libertada da velha obsessão por volume e peso e terá, como um de seus princípios, a abolição do macarrão. O macarrão, apesar de agradar ao paladar, é uma comida passadista porque estufa, embrutece, ilude sobre sua capacidade nutritiva, torna-nos céticos, lentos, pessimistas. É, por outro lado, patriótico favorecer sua substituição pelo arroz."

Este discurso suscitou entre os convidados aplausos enlouquecidos e turbulentas irritações. Marinetti desafiou as ironias precisando seus pensamentos. No dia seguinte, em todos os jornais estourou uma polêmica

F.T. Marinetti e Fillìa

violentíssima da qual participaram todas as categorias sociais, das senhoras aos cozinheiros, aos literatos, aos astrônomos, aos moleques, às amas de leite, aos soldados, aos camponeses, aos estivadores. Cada vez que, em qualquer restaurante, cantina ou casa da Itália, era servido macarrão, eram entrelaçadas imediatamente intermináveis discussões.

***

No dia 28 de dezembro de 1930, na *Gazzetta del Popolo* de Turim apareceu

O manifesto da cozinha futurista

O Futurismo Italiano, pai de numerosos futurismos e vanguardistas estrangeiros, não permanece prisioneiro das vitórias mundiais obtidas "em vinte anos de grandes batalhas artísticas políticas muitas vezes consagradas com sangue" como definiu Benito Mussolini. O Futurismo Italiano enfrenta ainda a impopularidade com um programa de renovação total da cozinha.

Entre todos os movimentos artísticos literários, é o único que tem por essência a audácia temerária. O novecentismo pictórico e o novecentismo literário são, na realidade, dois futurismos de direita moderadíssimos e práticos. Arraigados à tradição, eles experimentam prudentemente o novo para obter de cada um a máxima vantagem.

Contra o macarrão

O Futurismo foi definido pelos filósofos "misticismo da ação"; por Benedetto Croce "anti-historicismo", por Graça Aranha "liberação do terror estético", por nós "orgulho italiano (i)novador", fórmula da "arte-vida original", "religião da velocidade", "máximo esforço da humanida-

A cozinha futurista

de para a síntese", "higiene espiritual", "método da infalível criação", "esplendor geométrico veloz", "estética da máquina".

Antipraticamente, então, nós futuristas negligenciamos o exemplo e a exortação da tradição para inventar a qualquer custo um *novo*, julgado louco por todos.

Mesmo reconhecendo que homens mal ou grosseiramente nutridos realizaram grandes coisas no passado, nós afirmamos esta verdade: pensa-se sonha-se age-se de acordo com o que se bebe e o que se come.

Consultamos a este respeito os nossos lábios, a nossa língua, o nosso palato, as nossas papilas gustativas, as nossas secreções glandulares e entramos genialmente na química gástrica.

Nós futuristas sentimos que para o macho a volúpia de amar é escavadora abissal do alto para baixo, enquanto para a fêmea é horizontal, em leque. A volúpia do palato, ao contrário, é para o macho e para a fêmea sempre ascendente, de baixo para o alto do corpo humano. Sentimos além disso a necessidade de impedir que o Italiano torne-se cúbico maciço enchumbado por uma compactação opaca e cega. Harmonize-se, ao contrário, sempre mais com a italiana, delgada transparência espiral de paixão, ternura, luz, vontade, ousadia, tenacidade heroica. Preparamos uma agilidade de corpos italianos adaptados aos levíssimos trens de alumínio que substituirão os atuais pesados de ferro madeira aço.

Convencidos de que na provável conflagração futura vencerá o povo mais ágil, mais impetuoso, nós futuristas após termos agilizado a literatura mundial com as palavras em liberdade e o estilo simultâneo, esvaziado o teatro do tédio mediante sínteses alógicas por surpresa e dramas de objetos inanimados, imensificado a plástica com o antirrealismo, criado o esplendor geométrico arquitetônico sem decorativismo, a cinematografia e a fotografia abstratas, estabelecemos agora a nutrição adequada a uma vida sempre mais aérea e veloz.

Acreditamos antes de tudo necessário:

a) a abolição do macarrão, absurda religião gastronômica italiana.

F.T. Marinetti e Fillìa

Talvez beneficiem aos ingleses o bacalhau, o rosbife e o pudim, aos holandeses a carne cozida com queijo, aos alemães o chucrute, o toucinho defumado e o salame; mas aos italianos o macarrão não beneficia. Por exemplo, contrasta com o espírito vivaz e com a alma apaixonada generosa intuitiva dos napolitanos. Estes foram combatentes heroicos, artistas inspirados, oradores impetuosos, advogados engenhosos, agricultores tenazes a despeito do volumoso macarrão quotidiano. Ao comê-lo eles desenvolvem um típico ceticismo irônico e sentimental que trunca muitas vezes o seu entusiasmo.

Um inteligentíssimo professor napolitano, o Dr. Signorelli, escreve: "Diferentemente do pão e do arroz, o macarrão é um alimento que se engole, não se mastiga. Este alimento amiláceo é em grande parte digerido na boca pela saliva e o trabalho de transformação é desempenhado pelo pâncreas e pelo fígado. Isto leva a um desequilíbrio com distúrbio destes órgãos. Dele derivam: fraqueza, pessimismo, inatividade nostálgica e neutralismo".

Convite à química

O macarrão, nutritivamente inferior em 40% à carne, ao peixe, aos legumes, liga com seus emaranhados os italianos de hoje aos lentos teares de Penélope e aos sonolentos veleiros, à busca de vento. Por que opor ainda o seu bloco pesante à imensa rede de ondas curtas longas que o gênio italiano lançou sobre os oceanos e continentes, e às paisagens de cores formas rumores que a rádio-televisão faz navegar em torno da terra? Os defensores do macarrão carregam a bola de ferro ou a ruína no estômago, como prisioneiros ou arqueólogos. Recordem-se ainda que a abolição do macarrão libertará a Itália do custoso grão estrangeiro e favorecerá a indústria italiana do arroz.

b) A abolição do volume e do peso no modo de conceber e valorizar a nutrição.

A cozinha futurista

c) A abolição das combinações tradicionais para a experimentação de todos as novas combinações aparentemente absurdas, segundo o conselho de Jarro Maincave e outros cozinheiros futuristas.

d) A abolição do cotidianismo medíocre nos prazeres do palato.

Convidamos a química ao dever de dar rapidamente ao corpo as calorias necessárias mediante equivalentes nutritivos gratuitos do Estado, em pó ou pílulas, compostos albuminosos, gorduras sintéticas e vitaminas. Atingir-se-á assim uma real baixa do custo de vida e dos salários, com relativa redução das horas de trabalho. Hoje, para dois mil kilowatt é necessário somente um operário. As máquinas constituirão rapidamente um obediente proletariado de ferro aço alumínio a serviço dos homens quase totalmente aliviados do trabalho manual. Este, sendo reduzido a duas ou três horas, permite aperfeiçoar e nobilitar as outras horas com o pensamento as artes e a pregustação de refeições perfeitas.

Em todas as classes as refeições serão distanciadas mas perfeitas no cotidianismo dos equivalentes nutritivos.

O almoço perfeito exige:

1. Uma harmonia original da mesa (cristais, louças, ornamentos) com os sabores e as cores das comidas.

2. A originalidade absoluta das comidas.

O carnescultura

Exemplo: Para preparar o *Salmão do Alasca aos raios do sol com molho Marte*, pega-se um belo salmão do Alasca, corta-se e passa-se na grelha com pimenta, sal e azeite até que esteja bem dourado. Acrescentam-se tomates cortados ao meio previamente cozidos sobre a grelha com salsinha e alho.

No momento de servir colocam-se sobre as postas de salmão alguns filetes de anchova entrelaçados (como jogo de damas). Sobre cada posta uma rodelinha de limão com alcaparras. O molho será composto de anchovas, gemas de ovos cozidos, manjericão, azeite, um cálice de licor italiano Aurum, e será peneirado. (Fórmula de Bulgheroni, primeiro cozinheiro do Penna d'Oca)

Exemplo: Para preparar a *Perdiz à Monterosa molho Vênus*, pegue uma bela perdiz, limpe-a, cubra seu peito com fatias de presunto e toucinho, coloque-a numa caçarola com manteiga, sal, pimenta, zimbro, cozinhe-a em forno muito quente por quinze minutos, borrifando-a com conhaque. Apenas retirada da caçarola, coloque-a sobre uma fatia torrada de pão quadrado ensopado com rum e conhaque e cubra-a com massa folhada. Leve novamente ao forno até que a massa esteja bem cozida. Sirva-a com este molho: meio copo de marsala e vinho branco, quatro colheres de cassis, casca de laranja picadinha, tudo fervido por dez minutos. Coloque o molho na molheira e sirva-a muito quente. (Fórmula de Bulgheroni, primeiro cozinheiro do Penna d'Oca)

3. A invenção dos complexos plásticos apetitosos, cuja harmonia original de forma e cores nutra os olhos e excite a fantasia antes de tentar os lábios.

Exemplo: O *carnescultura* criado pelo pintor futurista Fillìa, interpretação sintética das paisagens italianas, é composto por uma grande almôndega cilíndrica de carne de vitela assada recheada de onze qualidades diferentes de verduras e legumes cozidos. Este cilindro disposto verticalmente no centro do prato é coroado por uma camada de mel e sustentado na base por um anel de linguiça que se apoia sobre três esferas douradas de carne de frango.

A cozinha futurista

Equador + Polo Norte

Exemplo: o complexo plástico comestível Equador + Pólo Norte criado pelo pintor futurista Enrico Prampolini é composto por um mar equatorial de gemas de ovo em sua própria casca, com pimenta sal limão. No centro emerge um cone de claras de ovos batidas e solidificadas cheio de gomos de laranja como suculentas seções de sol. O cimo do cone será coberto por pedaços de trufas negras cortadas em forma de aviões negros para a conquista do zênite.

Estes complexos plásticos apetitosos coloridos perfumados e táteis formarão perfeitos almoços simultâneos.

4. A abolição do garfo e da faca para os complexos plásticos que possam dar um prazer tátil pré-labial.

5. O uso da arte dos perfumes para favorecer a degustação.

Cada prato deve ser precedido por um perfume que será cancelado da mesa por meio de ventiladores.

6. O uso da música limitado nos intervalos entre os pratos para que não distraia a sensibilidade da língua e do palato e sirva para aniquilar o sabor apreciado restabelecendo uma virgindade degustativa.

7. A abolição da eloquência e da política à mesa.

8. O uso dosado da poesia e da música como ingredientes inesperados para acentuar com a sua intensidade sensual os sabores de uma certa vianda.

9. A apresentação rápida entre um prato e outro, sob os narizes e os olhos dos convidados, de alguns pratos que eles comerão e de outros que eles não provarão para incentivar a curiosidade, a surpresa e a fantasia.

10. A criação de pequenos pratos simultâneos e cambiáveis que contenham dez, vinte sabores para experimentar em poucos instantes. Estes pratos terão na cozinha futurista a função analógica imensificante que as imagens têm na literatura. Um dado bocado poderá resumir uma

inteira zona de vida, o desenvolver de uma paixão amorosa ou toda uma viagem ao extremo Oriente.

11. Um conjunto de instrumentos científicos na cozinha: *ozonizadores* que dêem o perfume do ozônio a bebidas e comidas, *lâmpadas para a emissão de raios ultravioleta* (já que muitas substâncias alimentares irradiadas com raios ultravioleta adquirem propriedades ativas, tornam-se mais assimiláveis, impedem o raquitismo nas crianças, etc.), *eletrolisadores* para decompor sucos extratos etc. de modo a obter de um produto notável um novo produto com novas propriedades, *moinhos coloidais* para tornar possível a pulverização de farinhas, frutas secas, especiarias, etc., *aparelhos de destilação a pressão comum e à vácuo, esterilizadores centrífugos, dializadores.* O uso destes aparelhos deverá ser científico, evitando por exemplo o erro de cozinhar as comidas em panelas a pressão, o que provoca a destruição de substâncias ativas (vitaminas, etc.) por causa das altas temperaturas. Os *indicadores* químicos darão conta da acidez e alcalinidade dos molhos e servirão para corrigir eventuais erros: falta de sal, excesso de vinagre, excesso de pimenta, excesso de doce.

F. T. Marinetti

* * *

O "Cozinha Italiana", jornal dirigido com grande competência e genialidade por Umberto e Delia Notari, iniciou uma pesquisa enquanto se acirrava a polêmica mundial pró e contra o macarrão e pró e contra os pratos futuristas.

Entre muitos, defenderam o macarrão os doutores Bettazzi, Foà, Pini, Lombroso, Ducceschi, Londono, Viale, etc. Estes, pouco cientificamente, obedecem à prepotência de seus paladares. Parecem falar à mesa, em uma trattoria de Posillipo, a boca beatamente cheia de espaguete ao vôngole. Não possuem a lucidez espiritual do laboratório. Esquecem os outros deveres dinâmicos da raça, e o turbilhão angustioso

A cozinha futurista

de esplêndidas velocidades e de violentíssimas forças contraditórias que constituem a vida moderna.

Mesmo esforçando-se para legitimar os seus prazeres bocais, devem convir que outras comidas são pelo menos tão nutritivas quanto o macarrão.

Alguns destes declaram que os perfumes, as músicas, etc. são unicamente comparáveis aos excitantes, enquanto são considerados por nós como atos que criam sobre o comensal um estado de ânimo otimista singularmente útil para uma boa digestão. E não é só: os perfumes, as músicas e o tato, que condimentam os pratos futuristas, preparam o sereno e viril estado de ânimo indispensável para a tarde e a noite.

Todos os defensores do macarrão e os obstinados inimigos da cozinha futurista são os temperamentos melancólicos, contentes com a melancolia e propagandistas da melancolia.

Qualquer "macarroneiro" que consulte a própria consciência honestamente no momento de engolir a sua biquotidiana pirâmide de macarrão, encontrará ali dentro a triste satisfação de tapar com ela um buraco negro. Este ávido buraco é a sua incurável tristeza. Ilude-se, mas não o tapa. Somente uma refeição futurista pode alegrá-lo.

E o macarrão é antiviril porque o estômago pesado e cheio não é nunca favorável ao entusiasmo físico pela mulher nem à possibilidade de possuí-la diretamente.

Na mesma pesquisa brilham entretanto as inteligências dos médicos que dizem:

"o uso habitual e exagerado do macarrão determina certo aumento de peso e exagerado volume abdominal"

"os grandes consumidores de macarrão têm caráter lento e pacífico, os de carne têm caráter veloz e agressivo".

Prof. Nicola PENDE (clínico).

"deve-se trocar alimentos pela lei biológica: a repetição constante do mesmo alimento, a experiência o mostra, é prejudicial".

Prof. SENATORE U. GABBI (clínico)

"penso que o uso do macarrão seja nocivo aos trabalhadores intelectuais, às pessoas que levam vida sedentária e sobretudo àqueles que, além da sopa, possam conceder-se carne e outros pratos".

Prof. SENATORE ALBERTONI

"É questão de gosto e preço de mercado. De qualquer modo, convém uma alimentação mista, e portanto nunca exclusivamente feita de um só alimento".

Prof. A. HERLITZKA (fisiologista)

"o valor nutritivo do macarrão não apresenta características especiais que possam torná-lo preferível aos outros tipos de farináceos".

Prof. ANTONIO RIVA

"o macarrão não pode ser considerado como um alimento de fácil digestão porque dilata o estômago e não sofre, como o pão, uma preparação suficiente com a mastigação".

Prof. Dr. C. TARCHETTI

***

Outras pesquisas, pró e contra o macarrão, foram feitas pelo "Giornale della Domenica" de Roma e por outros jornais italianos. O Duque de Bovino, prefeito de Nápoles, respondendo a uma destas pesquisas, declarou que "os Anjos, no Paraíso, não comem outra coisa além de 'vermicelli al pomodoro[1]'", consagrando com isto a monotonia pouco atraente de Paraíso e da vida dos Anjos.

Ao mesmo tempo, a polêmica espalhava-se através de centenas de artigos. Recordamos, por exemplo, os escritos de Massimo Bontempelli, Paolo Monelli, Paolo Buzzi, Arturo Rossato, Angelo Frattini, Salvatore di Giacomo etc.

---

2 Massa longa, parecida com o espaguete, temperada com molho de tomates.

A cozinha futurista

Recordamos os diversos pareceres dos cozinheiros romanos Ratto, Giaquinto, Paggi, Alfredo, Cecchino, "Dona" Elvira etc; todos, por serem incapazes de renovar a sua cozinha, favoráveis ao macarrão.

Recordamos o número completamente dedicado à cozinha futurista do "Travaso" de Roma e as inumeráveis caricaturas que apareceram no "Guerin meschino", "Marc'Aurelio", "420", "Giovedì", etc., etc.

Mas, enquanto os inimigos da cozinha futurista contentavam-se com ironias fáceis e nostálgicas lamentações, aumentavam as adesões e os entusiasmos pela luta contra o macarrão.

Entre todos os artigos, destaca-se este de Ramperti, publicado no "Ambrosiano" como "carta aberta a F. T. Marinetti":

Caríssimo

Lembra-se? Você escreveu, uma vez, que eu, Marco Ramperti, pertenço à extrema direita do parlamento futurista. Você é a amabilidade em pessoa, meu caro Marinetti, com todos os socos e bofetadas da sua dialética de assalto; e não poderia falar com mais graça de alguém que, sendo atento e amigo, tem entretanto suas ideias, que não são sempre aquelas do tatilismo e das palavras em liberdade. Você queria ser gentil, e deu-me um pequeno posto à sua direita, entre os conversíveis, enquanto poderia muito bem me deixar do lado de fora, entre os passadistas sem remédio e sem direito. Desde aquele dia, confesso-lhe, muitas vezes os seus decretos-leis colocaram-me no cruel dilema de assinar a minha demissão, ou então de pedir a sua, tão sensíveis eram as discrepâncias, e tornavam insuportáveis a minha presença na sua assembleia. Então apareceu a sua insurreição convival, o seu manifesto contra o macarrão: e eis que, reanimado, iluminado, refeito em um momento cheio de audácia fiel, o seu pálido futurista *ad honorem* passa de um salto da extrema direita para a extrema esquerda da sua assembléia, e, por Deus, grita-lhe o seu consenso pleno, absoluto, fanático, deseperado.

F.T. Marinetti e Fillìa

Ainda que eu não seja, ai de mim, o mais jovem do seu regimento, agora lhe peço, oh! Marinetti, para levar a bandeira desta sua última ofensiva. Parece-me que a revolução alimentar seja a mais cuidadosa entre quantas você tenha suscitado. E de fato parece a mais difícil. Você vê como os italianos, tocados no epigástrio, já se rebelam. Aceitam o tatilismo, as palavras em liberdade, os intonarumores. Mas não renunciam ao macarrão. Aceitam o soco, o salto, o passo de corrida: mas com sua porção de espaguete. Aceitam, e entendem, reaver a primazia no mundo: dispostos, todavia, a ceder esta prioridade por um prato de macarrão, como fez Esaú por um de lentilhas. Veja como é feita, infelizmente, esta nossa gente. Capaz de renunciar a todos as comodidades, a todas as vantagens, e não a um apetite. Ah! Não creia, Marinetti, que desta vez a batalha será fácil. Por isso peço, justamente, a honra de servir-lhe. Mas creia-me: será necessário ter coragem. As críticas serão muitas; o macarrão voltará às mesas; e nós deveremos, quem sabe por quanto tempo ainda, pregar para barrigas cheias e corações desertos.

Não importa. Venceremos melhor, vencendo tarde, como em todas as boas revoluções. A nossa, no entanto, exprime o seu verbo, estabelece a sua lei. Já que os italianos consentiram ao princípio futurista que se façam os mais ágeis, ativos, velozes, elétricos, furibundos possíveis, chegará por fim o dia em que se convencerão que, para alcançar um tal estado de graça, nada poderia ajudar mais do que o comer pouco e escolhido, limitar as próprias refeições à gota essencial e à migalha leonina. Na verdade, esta sua última propaganda, oh! Marinetti, é a mais consequente e lógica entre todas aquelas derivadas do seu manifesto cardinal de há vinte anos: e não se compreenderiam tantas resistências, a não ser repensando, justamente, na tenacidade e obstinação de certas atitudes do estômago. Não é a primeira vez que um povo nos ensina que pode renunciar a tudo, exceto a uma glutonaria. Um francês que estimava os alemães, o conde de Gobineau, costumava dizer que, do outro lado do Reno, ninguém saberia cometer uma vilania, se não fosse

A cozinha futurista

por uma salsicha com chucrute. É um juízo que me vem à mente, repensando naquele Polichinelo que resistia a tudo, exceto a uma porção de vermicelli. Este grande amor pelo macarrão é uma debilidade dos italianos, e você tem cem razões para atacá-la ferozmente. Existe o calcanhar de Aquiles, e existe o paladar do futurista. Ora, entre todos os alimentos estufantes e paralisantes que contradizem o seu programa de rapidez, elasticidade e energia, o macarrão é precisamente o mais difundido e calamitoso. Mas sendo o mais nefasto, é também o menos maldito. E eis aqui a mola da sua revolta reparadora. O que quer dizer, este outro hábito, este outro vício, esta outra abnegação? Liberemo-nos também do macarrão, que é ele também uma escravidão. Que nos incha as bochechas, como a estátuas de fontes; que nos entope o esôfago, como a perus de Natal; que nos liga as entranhas com os seus arames moles; e que nos prega à cadeira, repletos e estupefatos, apopléticos e suspirantes, com aquela sensação de inutilidade que, segundo o indivíduo, pode causar prazer ou vergonha, mas em todo o caso deve ser detestada por quem ostente uma alma futurista, ou somente jovem e desperta.

Resumindo, você entendeu perfeitamente, meu caro Marinetti, o perigo e a desdouro deste mito dos macarrões: *macaroni* que resultaram, além dos Alpes, em algumas metáforas indecorosas. Dizia-se, um tempo, que nós comíamos os espaguetes com as mãos: e talvez o sentido da maledicência era que não podiam, para uma tal gulodice, separar-se a deselegância e a imundície. Depois nos concederam os garfos, talvez para ter o direito de dizer em Genebra que também os italianos andam armados até os dentes: mas os espaguetes não foram tirados do nosso quadro folclorístico. Sabe-se hoje em toda a Europa quantas porções dele come Primo Carnera, como em 1894 sabia-se quantas devorasse Francesco Crispi. O italiano das caricaturas sempre tem a boca ávida arreganhada sobre um prato de tagliatelle, quando não é sobre vermicelli escorrendo molho ao longo de nossos ansiosos braços. E é uma imagem ofensiva: engraçada, disforme, feia. Prentende mostrar a futilidade deste nosso apetite, ao lado de seu ímpeto bestial. No fundo, o macarrão não nutre. Enche: não fortalece. O sustento é mínimo se confrontado com o volume. Mas certamente é, gostariam de dizer as caricaturas maldosas, um verdadeiro alimento italiano. O nosso macarrão é como a nossa retórica, que serve somente para encher a boca. O seu gosto está todo naquele assalto com as mandíbulas tensas, naquele voluptuoso empanturrar-se, naquela aderência total da massa ao paladar e às vísceras, naquele sentir-se unificado com ela, aglomerados e amalgamados. Mas é um gosto porco. Mas é um prazer efêmero. Engolidos que são, os espaguetes incham e pesam. E sentimo-nos, subitamente, cheios de chumbo, como moedas falsas. Alguma coisa nos retém, sentados, como um tronco. Não temos mais nem a sílaba fácil nem a imagem pronta. Os pensamentos desfilam um dentro do outro, confundem-se, embaralham-se como os vermicelli absorvidos. As palavras aglomeram-se do mesmo modo. O pouco molho que trazem aos lábios é o molho de tomate. Pobre do que tiver perto, naquele momento, um interlocutor ou uma amante. O madrigal é insosso, a picardia é medíocre, a argumentação é impossível, interrompida como é pelos soluços do intestino. Sabe-se que os pecados da gula são os mais rapidamente punidos pelo Senhor Deus. Aquele do macarrão expia-se no mesmo instante. É a barriga que se incha à custa do cérebro. É o encadeamento, ou o exílio, de todos os espíritos, conceituais ou amorosos. Experimentem então, depois de uma orgia de tagliatelle, partir para uma polêmica. Ou mesmo para a arte de Vênus. Eu juro que restariam imobilizados desde o primeiro movimento, quando não demolidos desde o princípio. Quanto paraíso perdido, por um momento de descuidada animalidade?

Marco Ramperti

***

A cozinha futurista

V. G. PENNINO,
cronista-chefe da "Gazzetta del Popolo", intervém na polêmica com esta carta a F.T. Marinetti:

Seu férvido admirador desde quando, rapaz, seguia com apaixonado interesse as batalhas purificadoras que o senhor combatia entre a indiferença e a incompreensão dos italianos da época, li com entusiasmo o manifesto da cozinha futurista. É certo que se pensa, se sonha, se age de acordo com o que se bebe e se come, como é certo que – a propósito da alimentação – os homens debatem-se ainda hoje entre incertezas, contradições, erros de todo gênero. Parece que a preocupação de quem se ocupa de cozinha seja aquela de empanturrar, encher o ventrículo como se enche um saco, excitar e envenenar com drogas e lavagens, *enquanto deveria ser a de preparar um alimento sadio, energético, saboroso, agradável à vista, ao tato e ao paladar, que dê força e substância em pequenas quantidades*, que desperte a fantasia com imagens e panoramas agrestes, com o perfume de jardins tropicais e faça sonhar sem o uso de bebidas alcoólicas. Bendita seja, então, a brisa renovadora e saneadora na pesada atmosfera das cozinhas da Itália, bendita a luta contra o funesto macarrão que com a sua difícil digestão faz pesar o corpo e entorpecer o espírito. (Olhe que sou napolitano e conheço todos os agouros deste alimento). Quando banirem das mesas da península o macarrão estufador e adormentador, quando a cozinha não mais for mais o reino de donas-de-casa ineptas e de cozinheiros ignorantes e envenenadores, mas se tornar uma forja de sábias combinações químicas e sensações estéticas, *quando se conseguir criar e difundir uma alimentação que saiba conciliar a menor quantidade ao máximo de poder nutritivo explosivo dinâmico*, somente então a potência volitiva, a vivacidade, a fantasia, o gênio criador da raça alcançarão seu pleno desenvolvimento.

Mas a luta contra o macarrão não basta. É necessário abater outros ídolos, exterminar tradições erradas: *afirmar que o pão branco*, por exemplo, pesado e insípido, *é um alimento inútil* que forma no estômago um bloco indigerível e deve ser substituído pelo integral perfumado e substancioso; *que o arroz é um alimento precioso*, mas contanto que não seja privado de suas substâncias fitínicas com o polimento; *que as verduras contêm verdadeiros tesouros* para o organismo humano (ferro, fósforo, vitaminas, globulinas, sais de cálcio, de potássio, de magnésio, etc.) a menos que com os absurdos cozimentos tais tesouros não sejam estupidamente destruídos e que, enfim, a teoria das calorias e das necessidades de uma grande quantidade de albumina animal e de gorduras teve seu tempo, e já foi demonstrado que uma pequena quantidade de alimento bem combinado segundo o conhecimento racional das necessidades do nosso organismo dá muito mais força e energia que pratos de macarrão, de carne e ovos que são consumidos por aqueles que desejam *sustentar-se bem*. Cada povo deve ter a sua alimentação *e aquela do povo italiano deve ser baseada nos produtos desta terra quente, irrequieta, vulcânica*; deve ser por isso composta por três quartos dos maravilhosos produtos vegetais que nos são invejados por todo o mundo e por um quarto apenas de produtos animais. Estes devem ser usados com grande parcimônia especialmente pelos trabalhadores intelectuais, enquanto os soldados, os trabalhadores manuais e, em geral, quem desenvolve grande atividade física podem fazer maior uso deles. (O contrário do que acontece comumente). É bom que se saiba que uma cenoura crua finamente ralada com óleo e limão, um prato de cebolas ou de azeitonas ou estas coisas combinadas, junto com um pouco de nozes e um pedaço de pão preto são para a caldeira humana um combustível muito mais idôneo e rentável que os famigerados macarrão ao ragu, ou tagliatelle à bolonhesa ou bistecas à Bismarck. Por outro lado, com as coisas mais simples, sadias, substanciosas podem-se criar pratos que dão aos olhos, ao palato, à fantasia sensações bem mais intensas que os alimentos que hoje desempenham um belo papel nas melhores mesas.

A cozinha futurista

Assim a batalha que o senhor engajou – mesmo que se apresente duríssima, porque deve lutar contra tradições radicadas e tenazes, contra interesses formidáveis e contra a ignorância difusa – deverá encontrar muitos consensos na Itália de hoje, porque enquanto visa renovar um ambiente muito fortemente arraigado ao passado, *tem uma enorme importância social e econômica*, especialmente se o convite à química lançado pelo senhor encontrar entre os cientistas italianos boa acolhida. Um químico francês – o prof. Mono – inventou os "alimentos concentrados" cuja eficácia experimentei, mas eles cometeram o erro de serem estrangeiros antes de tudo, e muito caros. Esperamos que os químicos italianos saibam fazer mais e melhor.

Desculpe se me permiti enviar-lhe esta apressada nota, que me foi sugerida pelo seu belíssimo Manifesto, mas pensei que não deveria ser-lhe desimportante – entre os muitíssimos que indubitavelmente receberá – o entusiástico consenso de um modesto estudioso dos problemas da alimentação.

G. V. PENNINO

***

Dos muitos artigos surgidos a favor da luta futurista contra o macarrão, recordamos os mais originais:

O cozinheiro-chefe do Rei

O Cavalheiro Pettini, Cozinheiro-Chefe de Sua Majestade o Rei da Itália, traz ao debate uma palavra precisa: "Não há dúvidas de que todos os farináceos deixam o corpo pesado e em consequência... ameaçam a inteligência" e além disso, na carta direta ao jornal "La Cucina Italiana", afirmam ainda: "necessidade de inovação, de modernismo também na cozinha; que também ela deve responder aos tempos e talvez até antecedê-los".

F.T. Marinetti e Fillìa

Schopenhauer e o macarrão

O Dr. Angelo Vasta, em um artigo sobre a cozinha futurista, observa: "Os napolitanos rebelaram-se, mas justamente convém recordar o que escrevia o seu concidadão Dr. Carito em "Umanità Artistica":
... o nosso povinho está ainda numa fase primitiva. Não fez maiores progressos desde o tempo em que Schopenhauer, observando o seu alimento quotidiano, qualificou-o genialmente como a *alimentação dos resignados*.

Ai de mim! mesmo as nossas classes altas, intelectuais, até as assim ditas "dirigentes", não sabem alimentar-se bem! De onde o torpor da vida fisiológica com os seus inevitáveis reflexos nefastos na esfera psíquica. De onde a nomeada "indolência" com que fomos marcados e vilipendiados nos séculos anteriores. Em tudo o que diz respeito a alimentação, movimento, exercícios esportivos devemos radicalmente reformarmo-nos...

Um médico do século XIV contra o macarrão

Em um artigo do "Sècolo XIX" de Gênova, Amedeo Pescio insurge contra aqueles que chamam glória e honra dos genoveses os raviólis, as lasanhas, os tagliarinis etc. E escreve: "Giovanni da Vigo iniciou a campanha contra o macarrão no século XIV, quando o bom e douto rapallino curava a Papas e príncipes, prelados e ministros, gente dinâmica, sim, mas que não conseguiram digerir de grandes quantidades de "trenette" e de carvão. Então o grandíssimo cirurgião da *nossa cidade* (como ele dizia, falando de Gênova) escreveu: "A prática em arte cirúrgica". No IX e último livro, encontrar-se-á uma advertência explícita e formal contra o abuso do macarrão; a recomendação, a prescrição quase marinettiana ao muito inchado século XIV: *todos os alimentos*

A cozinha futurista

de massa devem ser usados pouquíssimas vezes "pasti alia denique et victualia paste rarissime sunt concedenda".

O macarrão é de origem ostrogoda

Libero Glauco Silvano, no longo artigo "Contribuição para uma arte cozinhária futurista", propõe algumas inovações alimentares. Reproduzimos aqui parte de seu divertido artigo contra o macarrão:

Era tempo de acabar, por Deus, com um alimento bárbaro que vivia como um parasita em nossa civilização ultramoderna: falo dos macarrões ao sugo, ao tomate ou como mais lhe agrada. Este prato, mesmo entre outros igualmente bestiais, fazia-nos a figura de uma chimpanzé em um salão de damas sentimentais: e somente por um equivocado respeito à tradição continuava-se a suportar o seu fedor plebeu. Até o nome relembrava o povo, tosco e oleoso de sujeira, em meio ao qual havia nascido: macarrão. Um bom cozinheiro, discípulo e êmulo de Brillat-Savarin, havia trabalhado ultimamente para enobrecê-lo, para tirar-lhe de cima aquele tango de canalhice: haviam-no persuadido a não fazê-lo acompanhar por arrogantes e desavergonhadas cebolas, adiposas como beldades de marinheiros, por certos alhos pálidos e consumidos por vícios ocultos, por azeite rançoso e caprino. Entretanto, sob as novas aparências tinha o modo e a vulgaridade do vilão consumado e de nada lhe valia a contínua frequência com aquele agraciado e epicúreo mestre que se chama manteiga. Teve sempre a mesma barriga, tumultuosa e invasora: e não importa onde entrasse, na casa do pobre ou do rico, girava os olhos em torno como para impor respeito e reverência, como se descendesse de um lombo muito magnânimo para não dever considerar ainda menos o restante das criaturas gastronômicas.

Mas quais eram, pergunto-me, os seus títulos nobiliários? A "Cronaca degli Memorabilia" de Dacovio Saraceno, por sorte, existe para cantar-nos vida e milagres: "lo macarono nato fue et notricato appo gli

F.T. Marinetti e Fillìa

Ostragoti, gli quai molto e volantieri con essolui si solaciavano. Dieto macarono erat di spulcia (leggi spelta) et hebbe sua prima dimora in la regia del magno prence Teodarico, idest in Ravenia, lo quà prence affidato avealo a Rotufo, coco suo genialissimo. Il conobbero gli sudditi dello rege, per virtude della femina del cuoco, che avevasi invaghito dello ofiziale di guardia al palacio et al quale, tra un baciuzzo et un baciozzo, confidogli la esistenzia dello nominato macarono. Ergo, lo amore per essolui macarono s'espanse per lo populo omne; et il bollivano cum cipoglia et alio et pastonacca; et il condivano cum suggo (sic) di cedriollo; et leccavansi digita et grugno"·

Ah! Os gentis senhores elegantíssimos, em verdade, lambiam-se os dedos e a cara! Era bem adequada aos seus insensíveis paladares aquela lavagem monstruosa temperada com suco de pepinos. Parece-me vê-los, os bigodudos Ostrogodos, meterem-se a cavar grandes buracos na grama com as pesadas adagas e acocorar-se ao redor, limpando a boca sob os bigodes, em angelical espera. Depois, as dignas consortes, cansadíssimas e imundas, vinham despejar no prato improvisado a verminalha viscosa dos "macarrões" e os braços peludos mergulhavam até os cotovelos no buraco fumegante e as bocas se abriam – nhau nhau – e os olhos lacrimejavam, pela excessiva felicidade, sobre as bochechas cheias terrosas.

Foi somente na Alta Idade Média (Cordazio Camaldolese: *Pietanzie in usaggio appo aliquante nostre terre et regioni et insule et peninsule et similia con spiegato lor modo di prepararle in cucina*) que os pepinos foram substituídos por tomates, cujo cultivo havia-se extendido muito desde quando o irmão Serenio, em seu retorno da China, trouxe a preciosa semente – e não larvas de bicho-da-seda, como comumente se afirma (confrontar a este respeito a obra definitiva de exegese histórica escrita por Valbo Scaravacio, intitulada "Vaitá e corbellerie"). Um biógrafo bastante minucioso, muitas vezes prolixo, de Boccaccio informa que o autor do Decamerão exigia de sua esposa que temperasse os macarrões com leite

A cozinha futurista

de amêndoas amargas: "mas, diz o biógrafo, o grande escritor não conseguia digeri-los nem mesmo assim". Talvez porque Boccaccio, acrescento eu, tinha bom gosto demais para aceitar placidamente aquele prato: e, de qualquer forma mandasse prepará-lo, seu paladar aristocrático o refutava. Entretanto, de boa ou má vontade que fosse, engolia o macarrão já que não devia nem mesmo passar-lhe pela mente, tão arraigada era a tradição, poder dispensá-lo.

Por pouco, no último estágio do renascimento, a maldita lavagem não foi sepultada no esquecimento. Quando já não se falava quase nunca dela, eis que o vil e barulhento Aretino recoloca-a sobre os altares: e qual melhor meio de propaganda que as suas excitantes musas em carne e osso?

Os que se banquetearam à sua mesa tornaram-se férvidos defensores do macarrão, e um destes, para tornar-se benemérito aos olhos do digno senhor, compôs um rosário de sonetos para o alto elogio do alimento "a que nada pode ser comparado, nem mesmo a ambrosia"; trata-se de Martone Dagorazzi e suas cem composições poéticas intitulam-se: "L'ambrosia degli uomini".

Ao final do século XVIII muitos nobres engenhos, seguros de que a razão de muitos males provinha daquela alimentação, iniciaram uma campanha ativa para que a humanidade se libertasse dos arreios da escravidão. Foram escritos inúmeros opúsculos e volumes de vários tamanhos: as gazetas, muito difundidas, traziam artigos de pessoas que haviam adquirido grande autoridade nos campos das Ciências e das Letras: mas tudo foi inútil contra a abstenção das plebes também porque, naquele tempo, havia-se difundido a superstição de que o macarrão fosse o antídoto para toda doença, a panaceia universal. Uma última tentativa foi feita na primeira metade de século XIX pelo grande Michele Scrofetta, de cuja benemerência é inútil falar, sendo conhecido por todos: e nem mesmo o eminente cientista alcançou algo concreto.

F.T. Marinetti e Fillìa

Deveria caber à nossa época a ventura de repudiar definitivamente este costume bárbaro. Somos, nós filhos do século, muito esclarecidos para não mandar ao diabo macarrão e acessórios sem nem mesmo a carta de referências: e ninguém os lamentará ou espalhará ternas lágrimas, mesmo se quase inconscientemente engolia macarrão três vezes ao dia: manhã, meio-dia e noite. Puah. Que porcaria, o macarrão: na verdade, desapareceram das casas os quadros, os desenhos, as fotografias e todo acidente que os representava: e as editoras retiraram do mercado todas as suas edições para submetê-las a uma rigorosa censura, apagando sem piedade, reimprimindo mesmo quando se fez necessário. Em alguns meses, somente de ouvir-lhe o nome – macarrão, puah – as pessoas vomitarão até as tripas.

Quero todavia acreditar que esta vitória, se bem que notabilíssima, não nos faça dormir sobre louros. Existem outros pratos que, sob uma rigorosa avaliação, mostram-se indignos de receber as graças de nossos gourmets e dos honestos pais de família e da prole estudiosíssima. Aliás, estou convencido que, sobre os velhos livros de receita, deva-se fazer uma grande limpeza. As nossas donas-de-casa continuam a preparar os alimentos à moda antiga porque não saberiam como fazê-lo de outra forma. Elas sentem obcuramente que este ou aquele modo não estão certos, mas ignoram a que outro santo voltar-se. E vejam que já surgiu o primeiro núcleo de estudiosos que busca oferecer uma cozinha adequada aos tempos.

A tarefa, no entanto, é colossal: para destruir basta uma única mão que acenda um pavio, mas para reconstruir são necessárias milhares e milhares de mãos.

Batalha pela saúde, agilidade, frescor, do intelectualismo italiano

Ferdinando Collai, chefe da Central de Notícias de Bolonha, polemiza com "as torpes, pacifistas e congestionantes argumentações do amidáceo mais ilustre do mundo, o bloco resistente do funestamente celebrado macarrão napolitano ou bolonhês". E conclui: "estou com o Maestro na violenta batalha pela saúde, agilidade, frescor do intelectualismo italiano".

O macarrão não é alimento para os combatentes

Paolo Monelli, em sua defesa ao macarrão, declara-o ideal alimento para os combatentes. Isto talvez fosse verdade para os alpinos que, entre todos os combatentes, são os mais prontos, após as batalhas, escaladas e avalanches, a improvisar equipamentos perfeitos, refúgios cômodos, barracas bem aparelhadas e decoradas e sábias cozinhas. Isto não é verdade para as tropas que combatem em solo plano. Os futuristas que combateram em Doberbó, em Selo, na Vertoibizza, em Plava e nos reinos de Zagora e depois na Casa Dus, em Nervesa e em Cabo Sile estão prontos a testemunhar que sempre comeram péssimos macarrões, atrasados, congelados e transformados pelos tiros dos esquadrões inimigos que separavam os atendentes e os cozinheiros dos combatentes. Quem poderia esperar um macarrão quente e "al dente"? Marinetti ferido nas Casas de Zagora na ofensiva de maio de 1917, transportado a Plava de maca, recebeu de um soldado ex-cozinheiro de Savini um milagroso caldo de frango: aquele sagaz e oportuno cozinheiro, por mais zeloso e devoto que fosse ao simpático cliente de uma única vez, não poderia oferecer, nem com sua maior boa vontade, um macarrão comestível, já que sobre sua cozinha de batalhão rolavam de vez em quando enormes barris austríacos que destruíam os fogões: Marinetti duvidou então pela primeira vez do macarrão como alimento de guerra. Para os bombardeiros de Vertoibizza, como Marinetti, o alimento comum era chocolate sujo de lama e de vez em quando um bife de cavalo cozido em uma panelinha lavada com água de colônia.

F.T. Marinetti e Fillìa

***

Além de muitas adesões de cozinheiros, sanitaristas e artistas, a polêmica sobre a cozinha futurista deu vida a toda uma série de artigos e de estudos sobre a qualidade do "arroz", alimento italiano que deve ser sempre mais propagandeado e usado.

A opinião mundial

Explodiu em Paris a polêmica sobre a cozinha futurista após a publicação do manifesto de Marinetti no jornal "Comoedia", no número de 20 de janeiro de 1931:

F. T. Marinetti
vient de lancer le manifeste de la
cuisine futuriste

Le futurisme italien, au bout de vingt ans de grandes batailles artistiques et politiques souvent consacrées dans le sang, affronte encore aujourd'hui l'impopularité avec un programme de rénovation intégrale de la cuisine.

Tout em reconaissant que des hommes mal nourris ont créé des grandes choses dans le passé, nous affirmons cette verité: que l'on pense, que l'on rêve, que l'on agit selon ce que l'on boit et mange. Consultons à ce sujet nos lèvres, notre langue, notre palais, nos papilles gustatives, les sécretions de nos glandes et pénétrons génialement dans le domaine de la chimie gastronomique.

Nous sentons la necessité d'êmpecher l'Italien de devenir cubique et poussif, et de s'empêtrer dans une lourdeur opaque et aveugle. Qu'il se harmonise, au contraire, toujours mieux avec la transparence légère, et spiralique de la femme italienne, faite de passion, tendresse, lumière, volonté, élan, ténacité héroïque. Preparons des corps agiles pour les trains extra-légers d'aluminium de l'avenir, qui remplaceront les trains pesants de fer et d'acier.

Convaincus que le peuple le plus agile l'emportera dans les compétitions futures, préparons dès à présent l'alimentation la mieux faite pour une existence toujours plus aérienne et rapide. Nous proclamons tout nécessaires:

1) L'abolition de la pastasciutta, absurde religion gastronomique italienne. La pâte ne fait pas de bien aux Italiens; elle fait obstacle à l'esprit vivace, à l'âme généreuse, intuitive et passioné des Napolitains. Elle enserre les Italiens dans ses méandres, comme les fuseaux rétrogrades de Pénélopes ou les voiliers somnolents en quête de vent. Les défenseurs de la pâte en portent dans l'estomac des ruines, comme les archéologues;

2) L'abolition de poids et du volume dans l'appréciation des aliments;

3) L'abolition des condiments traditionnels;

4) L'abolition de la répétition quotidienne des plaisirs du palais. Nous invitons la chimie à donner au plus tôt les calories nécessaires au corps, grâce à l'absortion d'équivalents nutritifs gratuits, en poudre ou en pillules, de composés albumineux, d'hydrates de carbone, et de vitamines. On fera baisser ainsi le prix de la vie et les salaires, en réduisant les heures de travail. Les machines formeront bientôt un prolétariat servile, au service d'hommes presque allégés de toute occupation manuelle. Le travail quotidien se réduira à deux ou trois heures, et le reste du temps pourra être ennobli par la pensée, les arts, et la dégustation de repas parfaits.

Le repas parfait exige une harmonie original de la table (cristaux, vaisselle, apprêts), avec la saveur et la coloration des mets, ainsi qu'une originalité absolue de ceux-ci. Exemples:

F.T. Marinetti e Fillìa

Saumon de l'Alaska aux rayons de soleil en sauce Mars

On prend un beau saumon de l'Alaska, on le coupe en tranches, on le passe au gril, en l'assaisonnant de poivre, de sel et d'huile fine, jusqu'à ce qu'il soit bien doré. Ajoutez des tomates coupés en deux, que vous aurez fait cuire au gril avec ail et persil. Au moment de servir, posez sur les tranches des filets d'anchois croisés, et sur chaque tranche un disque de citron aux câpres. La sauce sera faite d'anchois, de jaunes d'oeufs durs, de basilic, d'huile d'olive, arrosée d'un petite verre de liqueur Aurum et passé au tamis. (Recette de Bulgheroni, chef de la Plume d'Oie).

Bécasse au Monterosa en sauce Vénus

Prenez une belle bécasse, videz-la, recouvrez-la avec des tranches de jambon et de lard, mettez-la en casserole avec beurre, sel, poivre et genièvre, et faites-la cuire au four très chaud pendant un quart d'heure, en l'arrosant de cognac. A peine retirée de la casserole, posez-la sur un canapé de pain grillé, trempé de rhum et de cognac, et recouvrez-la d'un feuilleté; remettez au tour jusqu'à complète cuisson de la pâte. Servez avec une sauce faite de vin blanc, d'un demi-verre de marsala, de quatre cuillerées de myrtilles, de découpures d'ecorce d'orange, bouillie pendant dix minutes. Mettez la sauce dans la saucière et servez bien chaud. (Recette de Bulgheroni).

Le repas parfait exige aussi l'invention d'ensembles plastiques savoureux, dont l'harmonie originale de forme et de couleur nourisse les yeux, et excite l'imagination avant de tenter les lèvres. Exemples:

Le Viandesculpté

Le *Viandesculpté*, créé par le peintre futuriste Fillìa, interprétation synthetique des paysages italiens, est composé d'une épaule de veau roulée, farcie de onze qualités de lègumes verts, et rôtie au four. On la dispose verticalement en cylindre au milieu du plat, on la couronne d'un chapeau de miel, et on l'entoure à la base d'un anneau de saucisses posé sur trois boulettes de viande de poulet hachée et dorée au feu.

Equateur + Pôle Nord

L'ensemble plastique comestible *Equateur + Pôle Nord* créé par le peintre futuriste Enrico Prampolini, se compose d'une mer équatoriale de jaunes d'oeufs arrosés de sel, de poivre et de jus de citron. Au centre, se dresse un cône de blancs d'oeufs montés et piqués de quartiers d'orange, comme de juteuses sections de soleil. Le sommet du cône sera criblé de truffes, découpées en forme d'aéroplanes nègres à la conquête du zenith.

Ces ensembles plastiques savoureux, colorés, parfumés et tactiles formeront de parfaits repas simultanéistes. Le repas parfait exige enfin:

L'abolition de la fourchette et du couteau pour les ensembles plastiques susceptibles de donner un plaisir tactile prélabial.

L'usage d'un art des parfums pour favoriser la dégustation. Chaque plat doit être précédé d'un parfum, qui sera chassé de la table à l'aide de ventilateurs.

L'usage de la musique, mais seulement dans les intervalles des plats, pour ne pas distraire la sensibilité de la langue et du palais, tout en effaçant la saveur précédente, et en refaisant une virginité dégustative.

L'abolition de l'éloquence et de la politique à table.

L'usage tempéré de la poésie et de la musique, en tant qu'ingrédients improvisés pour allumer la saveur d'un plat avec leur intensité sensuelle.

La présentation rapide, dans l'intervalle des mets, sous les yeux et sous le nez des convives, de certains plats qu'ils mangeront et d'autres qu'ils ne mangeront pas, pour exciter la curionsité, la surprise, et l'imagination.

F.T. Marinetti e Fillìa

La création de bouchées simultanéistes et changeantes, qui contiennent dix ou vingt saveurs à déguster en très peu de temps. Ces bouchées auront, dans la cuisine futuriste, la même fonction d'annalogie amplifiante que les images en littérature. Une bouchée pourra résumer une tranche entière d'existence, le cours d'une passion amoureuse, ou un voyage en Extrême-Orient.

Une dotation d'instruments scientifiques en cuisine: ozoniseurs pour donner le parfum de l'ozone aux liquides et mets, lampes à rayons ultraviolets pour rendre les substances alimentaires plus actives et assimilables, électrolyseurs pour décomposer les sucs et les extraits et obtenir, pour un produit nouveau, des propriétés nouvelles, moulins colloïdaux pour pulveriser les farines, les frutis secs et les épices à un très haut degré de dispersion, appareils de distillation à pression ordinaire et dans le vide, marmites autoclaves centrifuges, et dialyseurs. L'usage de ces appareils devra être scientifique, de manière à éviter par exemple l'erreur de faire cuire les mets dans des marmites à pression, dont la haute température provoquerait la destruction des vitamines. Enfin, des appareils indicateurs enregisteront l'acidité ou l'alcalinité des sauces, et serviront à corriger les erreurs: trop fade, trop salé, trop poivré.

F. T. Marinetti

* * *

Damos a tradução do arguto artigo que o jornalista francês Audisio lançou, no jornal *Comoedia*, a favor da cozinha futurista:

Sim, o macarrão é mesmo uma ditadura do estômago, sim, ele traz consigo um torpor que beira a felicidade, e esse é o suculento veneno que estraga o fígado para grande alegria do estômago. Nós não somos daqueles que o desprezam, e até o amamos... mas duvidamos dele acima de tudo se preparado à maneira romana, isto é, cru. Porque a sua digestão é uma ruminação traiçoeira, lenta, que convida às tor-

A cozinha futurista

pes fantasias, aos sonhos vazios, à renúncia cética, ao ritmo pegajoso e conciliante dos indolentes.

Deve-se regá-lo sobretudo com Salerno ou Frascati para compreender a lentidão do povinho e dos prelados romanos ou napolitanos, que são também a origem do sentimentalismo lânguido, daquela ironia serena, daquela indiferença amável, daquela sapiência transcendental, pela qual a Roma eterna, de Horácio a Panzini, desafia o passo dos tempos.

Trata-se hoje de refazer o homem italiano, pois de que adianta levantar o braço numa saudação romana, pode-se repousá-lo sem esforço sobre o seu ventre gordo? O homem moderno deve ter a barriga reta, sob o sol, para ter pensamentos claros, uma decisão rápida, e uma ação enérgica: vejam o negro, vejam o árabe. O paradoxo gastronômico de Marinetti visa à educação moral, como os seus paradoxos à educação estética: é preciso chacoalhar a matéria para acordar o espírito.

Há um ano dizíamos que Marinetti castigava o pudor hipócrita e a mentira da inteligência, agora ele frustra a felicidade hipócrita da digestão. É toda uma moral que Marinetti desventra, sob esta nuvem cozinhária. Ele se recorda sem dúvida dos belos tempos violentos nos quais, sob o céu de Paris, plantava a semente de uma revolução mundial dos espíritos.

***

À publicação em *Comoedia* seguiram-se artigos, comentários, caricaturas e discussões nos maiores jornais franceses, ingleses, americanos, alemães etc.

É significativa a entrevista do jornal *Je suis partout* com Marinetti e o artigo de fundo, na primeira página, do jornal *Le petit marseillais* sobre a cozinha futurista. O *Times* de Londres voltou repetidamente ao tema com escritos diversos, publicando também poesias polêmicas. Longo artigo "ITALY MAY DOWN SPAGHETTI" no *Chicago Tri-*

bune. Outros artigos na *Reinisch-Westfalische Zeitung*, de Essen, e no *Nieuwe Rotterdamsche Courant*. Jornais de Budapeste a Tunísia, de Tóquio a Sidney, que relevam a importância da batalha futurista "contra os alimentos tristemente miseráveis".

Entre esses tantos, este artigo, que apareceu no *The Herald*, esteve entre os primeiros a agitar a polêmica sobre a cozinha futurista:

Spaghetti for Italians, Knives and Forks for All are banned in Futurist Manifesto on Cooking

Marinetti, father of Futurist art, literature and drama, has just issued from Rome a manifesto launching Futurist cooking, according to word received yesterday in Paris. Practically everything connected with the traditional pleasures of the gourmet will be swept away.

No more spaghetti for the Italians. No more knives and forks.

"No more after-dinner speeches will be tolerated by the new cult.

Details of the manifesto, published in the "Comoedia", give the principal feature of the new cuisine as a rapid succession of dishes which contain but one mouthful or even a fraction of a mouthful.

In fact, in the ideal Futuristic meal, several dishes will be passed beneath the nose of the diner in order to excite his curiosity or to provide a suitable contrast, and such supplementary courses will not be eaten at all."

"Since everything in modern civilization tends toward elimination of weight, and increased speed, the cooking of the future must conform to the ends of evolution. The first step would be the elimination of edible pastes from the diet of Italians", Marinetti writes."

"Modern science will be employed in the preparation of sauces and a device similar to litmus paper will be used in a Futuristic kitchen in order to determine the proper degree of acidity or alkalinity in any given sauce."

"Music will be banished from the table except in rare instances when it will be used to sustain the mood of a former course until the next can be served."

"The new Futuristic meal will permit a literary influence to pervade the dining-room, for with ideal rapid service, by means of single successive mouthfuls, an experience such as a love affair or a journey may be suggested."

"Among the new kitchen and dining-room instruments suggested by Marinetti is an "ozonizer" which will give to liquids the taste and perfume of the ozone, also ultra-violet lamps to render certain chemicals in the cooking more active."

"Also certain dishes will be cooked under high pressure, in order to vary the effects of heat. Electrolysis will also be used to decompose sugar and other extracts."

"As a model for the presentation of a Futuristic meal, M. Marinetti calls attention to a Futuristic painting of a synthetic landscape made up of food-stuffs, by Fillìa. The landscape is composed of a roast of veal, stuffed with eleven kinds of vegetables, placed vertically upon a plate and crowned with honey."

"This is one of the meals which, under the new system, could not be attacked whith a knife and fork and cut into haphazard sections before being eaten."

"Besides the abolition of macaroni, Marinetti advocates doing away with the ordinary condiments now in use, and a consistent lightening of weight and reduction of volume of food-stuffs. The Futurist leader also pleads for discontinuance of daily eating for pleasure.

For ordinary daily nourishment he recommends scientific nourishment by means os pills and powders, so that when a real banquet is spread it may be appreciated aesthetically."

F.T. Marinetti e Fillìa

Contra a cozinha do Grande Hotel e a estrangeirofilia

Entre as cozinhas que hoje imperam, aquela que nós consideramos mais detestável e mais repugnante é a cozinha internacional de grandes hotéis que abrem todos os grandes banquetes oficiais com um caldo no qual boiam quatro ou cinco bolinhas de massa real moles e insípidas, e os fecha a todos com um doce gelatinoso e trêmulo adequado a bocas doentes.

É lógico que os homens políticos de todos os países que se reúnem para as grandes convenções, para a revisão de tratados, para o desarmamento e pela crise universal, não possam elucidar nada e concluir pouco depois de ter engolido tais alimentos deprimentes, entristecedores e monotonizantes.

Na Itália, como em quase todos os países do mundo, submetemo-nos a este tipo de cozinha internacional de grande hotel unicamente porque vem do estrangeiro. Infelizmente, domina uma mania bestial a que chamamos estrangeirofilia, e que deve ser combatida violentamente. A *Gazzetta del Popolo* de 24 de setembro de 1931 publicou este manifesto futurista de Marinetti contra a estrangeirofilia:

A cozinha futurista

Contra a estrangeirofilia
Manifesto futurista às senhoras e aos intelectuais

Apesar da força imperial do Fascismo, a palavra *estrangeirofilia*, *estrangeirófilo*, inventadas por nós, são infelizmente mais indispensáveis a cada dia.

1) São estrangeirófilos e portanto culpados de antitalianidade os jovens italianos que caem em um êxtase cretino diante de qualquer estrangeira também agora que a crise mundial as empobrece, e enamoram-se delas por esnobismo e às vezes desposam-nas absolvendo-as de todo defeito (prepotência, falta de educação, antitalianidade ou feiura) somente porque elas não falam a língua italiana e vêm de países longínquos ignorados ou pouco conhecidos.

2) São estrangeirófilos e portanto culpados de antitalianidade os intérpretes italianos de fama mundial (artistas do canto, concertistas e regentes de orquestra) quando se incham até esquecerem-se de que o intérprete é o servo útil não necessário do gênio criador. Exemplo: o excelente e célebre regente Arturo Toscanini que antepôs o seu sucesso pessoal ao prestígio da sua pátria ao renegar os seus hinos nacionais por delicadeza artística e executou os estrangeiros por oportunismo.

3) São estrangeirófilos e portanto culpados de antitalianidade os regentes de orquestra e o público italiano que organizam ou aplaudem concertos no exterior quase sem música italiana. Um patriotismo elementar exige pelo menos metade de música italiana moderna ou futurista no programa em substituição àquela de Beethoven, Bach, Brahms etc..., já apreciadas, penetradas e admiradas por todos até a saciedade.

4) São estrangeirófilos e portanto culpados de antitalianidade os públicos italianos que aplaudem ao invés de vaiar os regentes estrangeiros quando, maleducadamente, esquecem a música italiana em seus concertos na Itália.

F.T. Marinetti e Fillìa

5) São estrangeirófilos e portanto culpados de antitalianidade os industriais italianos que encontram mil pretextos para refutar uma batalha decisiva com a indústria estrangeira e têm orgulho de vencer disputas internacionais com produtos, máquinas ou aparelhos não inteiramente idealizados e construídos na Itália.

6) São estrangeirófilos e portanto culpados de antitalianidade os historiadores e os críticos militares que, da nossa grande guerra vitoriosa, privilegiam os episódios irrelevantes como Caporetto.

7) São estrangeirófilos e portanto culpados de antitalianidade os literatos ilustres que denigrem, no exterior, toda a literatura italiana (hoje original, variada e divertida) com a esperança de parecer, cada um, um gênio altíssimo em um povo de medíocres iletrados.

8) São estrangeirófilos e portanto culpados de antitalianidade os pintores, os escultores e os arquitetos italianos que, à maneira de muitos novecentistas e de muitos racionalistas, preferem proclamar-se filhos de inovadores franceses, espanhóis, suíços como Cézanne, Picasso, Le Corbusier ao invés de filhos de autênticos inovadores italianos como Boccioni, criador da nova plástica e Sant'Elia, criador da nova arquitetura.

9) São estrangeirófilas e portanto antitalianas as assembleias que ao invés de taxar como infâmia, definem "pecadinhos lícitos" as ofensas escritas e publicadas por literatos italianos contra a Itália, contra o nosso exército e contra a nossa grande guerra vitoriosa.

10) São estrangeirófilos e portanto culpados de antitalianidade os hoteleiros e negociantes que não aproveitam os rápidos e eficazes meios que têm à sua disposição para influenciar italianamente o mundo (uso da língua italiana nos cartazes, logotipos e nos cardápios), esquecendo-se de que os estrangeiros, enamorados pela paisagem e pelo clima da Itália, podem também admirar e estudar a sua língua.

11) São estrangeirófilas e portanto culpadas de antitalianidade as senhoras italianas da aristocracia e da alta burguesia que se estusiasmam pelos costumes e esnobismos estrangeiros. Exemplo: o esnobismo

americano do álcool e do "cocktail-party", talvez adequados à raça norte-americana, mas certamente nocivos à nossa raça. Consideramos portanto cafona e cretina a senhora italiana que participa orgulhosamente de um "cocktail-party" e relativa disputa alcoólica. Cretina e cafona a senhora italiana que acha mais elegante dizer: "bebi quatro cocktails" do que dizer: "comi um minestrone". A menos que ela se submeta à invejada superioridade financeira do exterior, superioridade agora já destruída pela crise mundial.

Elegantes senhoras italianas, nós lhe rogamos a substituir o "cocktail-party" por convenções vespertinas que poderão chamar à vontade de o Asti espumante da senhora B., o Barbaresco da condessa C., ou o Capri branco da princesa D. Nestes encontros será premiada a melhor qualidade do vinho que as une. E basta que a palavra "bar" seja substituída pela italianíssima "Aquisebebe".

12) São estrangeirófilos e portanto culpados de antitalianidade, os italianos e as italianas que saúdam romanamente e depois nos negócios pedem, babando-se, produtos estrangeiros com olhares céticos e pessimistas para os produtos italianos.

13) São estrangeirófilos e portanto culpados de antitalianidade os públicos italianos que, presos pela criticomania, vaiam sistematicamente comédias e filmes italianos favorecendo assim a invasão de medíocres comédias e filmes estrangeiros.

14) São estrangeirófilos e portanto culpados de antitalianidade os empresários italianos que procuram no exterior professores de teatro e cenógrafos, esquecendo-se dos italianos, capazes de ensinar ao mundo.

15) São estrangeirófilos e portanto culpadas de antitalianidade as cultas senhoras e os críticos da Itália, cujo cérebro foi desenvelhecido e agilizado pelo Futurismo italiano, e que mesmo assim criticam-no ou relevam-no para correr a pescar preciosamente Futurismos estrangeiros todos derivados do nosso. Antitalianamente eles esquecem por exemplo esta explícita declaração do poeta futurista inglês Ezra Pound a um

jornalista americano: "O movimento que eu, Eliot, Joyce e outros iniciamos em Londres não teria acontecido sem o Futurismo italiano" e esta também explícita declaração de Antoine no *Journal* de Paris: "Nas artes decorativas os caminhos foram há tempos abertos pela escola de Marinetti".

Outras Nações, pouco populosas, não criticadas nem ameaçadas por inimigos externos, podem, cochilando sob o zumbido de complôs revolucionários que podem ser sedados, considerar o orgulho nacional como um artigo de luxo.

A nossa viril feroz dinâmica e dramática península, invejada e ameaçada por todos, pronta para explodir para realizar o seu imenso destino, deve considerar o orgulho nacional como sua primeira lei de vida.

Por isso, nós futuristas, que vinte anos atrás, em pleno enfraquecimento parlamentar social-democrático-comunista-clerical gritávamos: "A palavra Itália deve dominar sobre a palavra Liberdade!", gritamos hoje:

a) A palavra Itália deve dominar sobre a palavra: gênio.

b) A palavra Itália deve dominar sobre a palavra: inteligência.

c) A palavra Itália deve dominar sobre as palavras: cultura e estatísticas.

d) A palavra Itália deve dominar sobre a palavra: verdade.

Que o fogo da crítica seja direto, se necessário, contra as nações estrangeiras, nunca contra a Itália.

Indulgência plenária na arte e na vida aos verdadeiros patriotas, isto é aos fascistas que vibram por uma autêntica paixão pela Itália e de um desmesurado orgulho italiano.

No tocante aos muitos céticos e derrotistas (literatos, artistas, filósofos e filósofas) que tentam hoje, na inquietude de uma paz em equilíbrio, construir uma descuidada cúpula dupla de marfim em oferta ao inimigo, nós brutalmente dizemos:

A cozinha futurista

Lembrem-se que a Itália não tem necessidade de vangloriar-se de seu passado remoto. Sua grandeza está presente: baseada antes de mais nada na potência criativa de seus poetas e seus artistas. Galileu, Volta, Ferraris, Marconi e o primeiro voo transatlântico em esquadra fascista idealizado por Mussolini e guiado por Balbo, dão-lhe a primazia da civilização mecânica. Esta primazia não pode certamente pertencer aos povos de quantidade *"trust standard e superprodução"*, que não previram a crise mundial e por isto morrem.

"Lembrem-se sempre desta obra-prima italiana que supera até mesmo a Divina Comédia: "Vittorio Veneto".

Em nome desta obra-prima, simbolizado pelos escombros do Império Austro-Húngaro que os nossos blindados tiveram que superar na estrada de Tarvisio, nós, ao primeiro perigo, fuzilaremos os estrangeirófilos antitalianos."

"Escrevo tudo isto com a serenidade de um patriotismo adamantino, eu que fui aplaudidíssimo no Exterior, e tive na Itália mais vaias do que aplausos e apesar disso agradeço a cada dia as forças cósmicas que me deram a alta honra de nascer italiano."

F. T. Marinetti

3.
A REVOLUÇÃO COZINHÁRIA
OS GRANDES BANQUETES FUTURISTAS

A taberna do santopaladar

O *Manifesto da cozinha futurista* provocou numerosos congressos e comícios entre os cozinheiros e donos de restaurantes. Em parte hostis, em parte entusiastas. Entre estes últimos, ansiosos por transformar cozinha e ambiente, foi escolhido pelo pintor Fillìa e pelo arquiteto Diulgheroff o proprietário de um restaurante de Turim, Angelo Giachino, que era incitado à realização dos novos pratos pelos seus próprios clientes.

Ao final do Circuito de Poesia de Turim, entre os quadros futuristas da galeria Codebò, depois de haver coroado com o capacete de alumínio o Poeta-Recorde de Turim, Tullio d'Albisola, Marinetti batizou com o nome de SANTOPALADAR o local destinado a impor pela primeira vez a cozinha futurista.

Enquanto se trabalhava na decoração do local, Ercole Moggi, um dos mais brilhantes jornalistas italianos, anunciou assim na *Gazzetta del Popolo* de 21 de janeiro de 1931, em uma matéria de capa com duas colunas, a projetada manifestação:

"Uma comunicação do pintor Fillìa, vice-secretário geral do movimento futurista italiano à imprensa romana, movimentou os ambientes gastronômicos da capital, inclusos aqueles jornalísticos, enciumados da tradição da "sora Felicetta", do "spaghettaro" e de todas as outras gloriosas insígnias do verdadeiro gourmet. Fillìa no movimento futurista seria como o subtenente geral da esquadra em ação. Não se contenta em lançar umas ideias platônicas, mas tenta fazê-las penetrar, sustenta-as, recebendo sempre pessoalmente. Recebendo às vezes algum cabo de couve, uma batata ou outro legume, mas também aplausos, consensos, encorajamentos."

F.T. Marinetti e Fillìa

"Os adeptos do macarrão esperavam que o *Manifesto da cozinha futurista* se mantivesse apenas na teoria, ou discussões polêmicas ou academia literária. Não conhecem evidentemente aqueles queridos rapazes! Os futuristas preanunciam de fato uma forte ofensiva contra a velha cozinha, além de uma ideia prática e original: a abertura de uma cozinha experimental futurista em Turim e que terá como título "Taberna do Santopaladar" na qual serão não apenas futuristicamente estudados, mas apresentados ao público os novos pratos. Assim, neste passo, Turim encaminha-se para ser o berço de um novo renascimento italiano, o gastronômico."

Trens especiais para Turim

Um renomado jornal romano entre o tom sério e o engraçado, comentando o pronunciamento dos futuristas, escreveu:

"Temos a certeza de que as ferrovias do Estado concederão descontos de cinquenta por cento para que todos os italianos possam deslocar-se em massa a Turim, para apreciar o notável 'carnescultura' na 'Taberna do Santopaladar'.

Fillìa talvez seja o mais dinâmico dos futuristas italianos. Seria necessário descrevê-lo de maneira futurista: chamá-lo, quem sabe? panela em perene ebulição, motor de 200 HP., boca de fogo de nitroglicerina, cabeça de vulcão...

Evidentemente gosta de Turim já que tentou sempre ali as suas maiores iniciativas.

"Santopaladar" sem especulações

Conseguimos achar Fillìa e não o deixamos mais escapar. Declarações muito importantes deviam sair daquele cérebro vulcânico. Fillìa antecipou-me:

A cozinha futurista

– Peço-lhe para relevar, acima de tudo, que a nossa iniciativa e a nossa atividade para a abertura do "Santopaladar" têm fins unicamente artísticos, criativos e propulsores de uma nova teoria cozinhária. Não se trata portanto de uma especulação minha ou de Diulgheroff. Nós daremos simplesmente à taberna um cunho futurista. Mas não teremos, repito, nenhum interesse no maior ou menor sucesso (nós o esperamos imenso) da iniciativa. A Taberna aparecerá logo em Turim. Será decorada pelo arquiteto Diulgheroff e por mim com o objetivo preciso de passar da teoria à prática na polêmica futurista.

Os leitores devem saber que Fillìa é o inventor do "carnescultura", que é o novo prato futurista mais clamorosamente discutido hoje, na Itália e no exterior, tanto que – segundo vozes que correm – o prof. Donati ter-se-ia proposto, com o objetivo de estudar, fazer uma laparotomia gratuita aos primeiros degustadores do "carnescultura".

Como se diz, se forem rosas, florescerão...

O leitor se perguntará o que é o "carnescultura". Eis aqui uma descrição autorizada:

"O carnescultura, interpretação sintética das paisagens italianas, é composto por uma grande almôndega cilíndrica de carne de vitela assada recheada com onze qualidades diversas de verduras e legumes cozidos. Este cilindro, disposto verticalmente no centro do prato, é coroado por uma camada de mel e sustentado na base por um anel de linguiça que se apoia sobre três esferas douradas de carne de frango".

A nutrição por rádio

No "Santopaladar" de Turim, Fillìa dirigirá a renovação da cozinha italiana e fará aplicar e preparar os novos pratos dos artistas e cozinheiros futuristas. O local não será um simples e vulgar restaurante, mas assumirá um caráter de ambiente artístico abrindo concursos e organizando no lugar do habitual café *post-prandium* ou da habitual dança, noites de poesia, de pintura e de moda futurista.

O "Santopaladar" lançará em breve o seu preciso programa técnico. Entre os pontos mais importantes, notem os seguintes que reproduzo textualmente:

a) "Os futuristas declarando-se contra o macarrão e indicando novos desenvolvimentos da cozinha italiana, não seguem somente o lado importante da economia nacional, mas pretendem renovar o gosto e os hábitos dos italianos. Não se trata simplesmente de substituir o macarrão pelo arroz, ou de preferir um prato a outro, mas de inventar novos pratos. Aconteceram na vida prática do homem tais modificações mecânicas e científicas que se pode chegar mesmo a um perfeccionismo cozinhário, a uma organização de sabores, odores e valores que até ontem pareceriam absurdos, porque eram diversas também as condições gerais de existência. Deve-se, variando-se continuamente o gênero de nutrimentos e de combinações, assassinar os velhos enraizados hábitos do paladar, para preparar os homens aos futuros alimentos químicos e talvez à não distante possibilidade de realizar, por meio do rádio, uma difusão de ondas nutrientes."

Este primeiro item dispensa comentários. É toda uma revolução. Até hoje, em certos restaurantes, havia um odor que Deus nos livre. Agora reorganizaremos os odores. Por exemplo, o odor dos pratos lavados será transformado em odor de lavanda.

O que há de prodigioso e que talvez tenha escapado até a Marconi, é a possibilidade de realizar, por meio do rádio, uma difusão de ondas nutrientes. De resto a coisa não é tão extraordinária. Como o rádio pode difundir ondas asfixiantes e adormentadoras (conferências, jazz, leitura de poesia, novelas etc.), poderá também difundir extratos de ótimos almoços e cafés da manhã. Que paraíso então! O problema é que caminhará rumo à abolição da cozinha e portanto do 'Santopaladar'.

O segundo item também é explícito:

A cozinha futurista

b) A cozinha até hoje não levou em conta, a não ser pelos doces, o lado estético. O nosso refinamento sensível pede ao contrário um estudo completamente "artístico" da cozinha. Combatem-se assim os lamaçais de molho, os fragmentos desordenados de comida, e sobretudo o mole e antiviril macarrão. Alcançaremos refeições ricas de diferentes qualidades, em que será estudado para cada um o prato que leve em consideração o sexo, o caráter, a profissão, a sensibilidade".

Marinetti inaugurará o "Santopaladar"

Fillìa ainda me fez outras importantes declarações. Não é verdade que os futuristas sejam inimigos do vinho e da carne... Fillìa nos disse:

"Em nosso próximo proclama para o "Santopaladar" estará bem esclarecido que, enquanto a química não criar substâncias sintéticas que tenham a força da carne e do vinho, é preciso defender a carne e o vinho de qualquer ataque. O *Manifesto da cozinha futurista* não tem, portanto, nenhuma base em comum com as afirmações de Marco Ramperti, mas tem a tendência inversa de renovar com novos horizontes culinários o gosto e o entusiasmo do comer, para inventar novos pratos que deem alegria e otimismo, que multipliquem ao infinito a alegria de viver: coisa impossível de se obter com os alimentos aos quais se está habituado."

Outra coisa importante que apreendi é esta: que os pratos futuristas não serão caros. Um almoço no "Santopaladar" terá um preço normal.

Pergunto ao vice-secretário do movimento futurista se a inauguração do "Santopaladar" será feita com solenidade. Responde-me:

– Certamente, porque o acontecimento tem uma grande importância. É acompanhado no exterior. À inauguração intervirá também S. Ex[a] Marinetti, que responderá a todas as críticas.

F.T. Marinetti e Fillìa

Este é evidentemente um achado útil. Até hoje o pobre consumidor não encontrava ninguém que respondesse por uma má refeição. No 'Santopaladar' teremos um acadêmico. E responderá à altura.

– Pode-se saber a lista dos pratos do almoço inaugural?

– Compreenderá alguns de meus pratos e isto é: *Todoarroz* (com arroz, salada, vinho e cerveja); o conhecidíssimo *Carnescultura*, a *Aerovianda* (tátil, com rumores e odores); o *Docelástico*. Além disso compreenderá os pratos publicitários do arquiteto Diulgheroff e os alimentos simultâneos de Marinetti e Prampolini. Compreenderá os doces *Reticulados do céu* do escultor Mino Rosso e o *Ultraviril* do crítico de arte cozinheiro futurista P. A. Saladin. Esta lista será completada por surpresas indispensáveis para formar a atmosfera da nova refeição e terá além de tudo perfumes, música, achados, originalidade.

É evidente que o sucesso, sem considerar a música, os perfumes e os outros achados, não poderá ser nada menos que extraordinário. Bastaria a invenção do prato *Ultraviril*, receita que faria chorar de inveja o doutor Woronoff.

– E da velha cozinha – pergunto a Fillìa – o que ficará em pé?

Responde-me com tom inexorável:

– Nada, apenas as velhas caçarolas. Acabou-se o tempo das comidas dos Artusi. Seremos duros.

Senti duas lágrimas rolarem-me nas faces. Mas então adeus "tajadele al parsott", delícia de minha juventude voraz. Ah, seja clemente, Fillìa, poupe ao menos a "salama vecchia" da Romanha, a venerável "salama da sugo" que, junto à loira Albana, acendia a veia poética de Giosuè Carducci e de Giovanni Pascoli.

Este artigo, reproduzido em todos os jornais, deu ensejo a uma infinidade de polêmicas irônicas e sarcásticas sobre os valores digestivos dos pratos futuristas. Impossível também indicar somente os melhores escritos daquele período. O pintor Fillìa, respondendo a diversos

A cozinha futurista

ataques, esclareceu repetidas vezes no *Lavoro* de Gênova, no *Regime Fascista* de Cremona e na *Tribuna* de Roma a importância da iniciativa do "Santopaladar". Reproduzimos em parte a carta de resposta a um cozinheiro romano que ameaçava os raios da Academia Gastronômica Italiana contra os cozinheiros futuristas:

"o protesto dos cozinheiros acadêmicos relembra estranhamente a oposição que os professores de história da arte sempre fizeram aos movimentos de renovação artística neste século e no outro. Estamos seguros, portanto, que as profecias do ilustre Membro da Academia Culinária terão o mesmo resultado que as outras: apressarão o nosso sucesso."

"não se trata, criticando os pratos contidos no *Manifesto da cozinha futurista*, de falar de "técnica": aqueles pratos, como o meu carneplástico que foi erroneamente visto como oposição ao macarrão, são os primeiros exemplos de uma série que criaremos."

"Para tanto, teremos os pratos econômicos e os pratos de luxo – os pratos que melhor se equipararão ao macarrão e os pratos para vencer em concorrência as velhas glutonarias. E, como técnica, o restaurante futurista de Turim baterá sem dúvida a ciência dos velhos cozinheiros acadêmicos. Mas, de qualquer modo, é o espírito revolucionário do manifesto que deve importar: isto é, a necessidade de modificar a cozinha porque se modificou o nosso sistema geral de vida, porque, rompendo os hábitos, é preciso preparar o paladar às futuras alimentações. Se os cozinheiros acadêmicos nos combatem somente pela razão técnica, estão vencidos: sua oposição de artesãos não poderá vencer nossa força de artistas. E as criações futuristas alcançarão perfeições técnicas, enquanto os pratos antigos, tecnicamente perfeitos, não se poderão renovar."

"a Taberna Santopaladar decorada pelo arquiteto Diulgheroff e por mim gerará uma atmosfera que será o resumo da vida mecânica

F.T. Marinetti e Fillìa

moderna e será portanto "necessário" servir pratos novos, e por conseqüência futuristas."

"segundo a cômoda teoria pacifista dos cozinheiros acadêmicos, nem mesmo o macarrão teria sido inventado: e continuar-se-ia a comer como os romanos antigos. Entretanto, chegamos a um momento em que tudo se deve renovar. Como foram renovados os costumes, os transportes, as artes etc. etc., também se chegará ao triunfo da cozinha futurista. E por outro lado, médicos ilustres e cozinheiros sábios dão-nos razão e aderem à nossa luta."

"a Taberna Santopaladar tem um proprietário e cozinheiros que a dirigirão. Eu e o arquiteto Diulgheroff não cuidamos senão de sua inauguração e primeira orientação: estamos seguros da inteligência e da fé na modernidade que animam aqueles cozinheiros. Mas se a Academia Gastronômica Nacional insiste em negar nosso esforço que pretende inventar pratos italianíssimos, fundaremos então uma Academia Gastronômica Futurista, à qual aderirão os cinquenta mil artistas inovadores e simpatizantes da Nova Itália."

***

A Taberna Santopaladar de Turim, ainda antes de ser inaugurada, alcançava uma notoriedade mundial pela anunciada realização da cozinha futurista. No entanto, os trabalhos progrediam e o ambiente se formava no domínio preponderante do alumínio italiano "Guinzio e Rossi": domínio que deveria dar ao local uma atmosfera de metalicidade, de esplendor, de elasticidade, de leveza e também de serenidade. Isto é, o sentido da vida de hoje, onde o nosso corpo e o nosso espírito têm a necessidade de encontrar a afinação, a síntese e a tradução artística de toda a organização mecânica preponderante. O alumínio é o

A cozinha futurista

mais adequado e o mais expressivo dos materiais, encerra estes dotes essenciais e é verdadeiramente um filho do século do qual espera glória e eternidade, assim como os materiais "nobres" do passado. Na Taberna Santopaladar, delineava-se então uma pulsante estrutura de alumínio e esta não era friamente utilizada para cobrir o espaço, mas servia como elemento operante do interior: alumínio dominante, ágil ossatura de um corpo novo, completado com os ritmos da luz indireta. A luz também é uma das realidades fundamentais da arquitetura moderna e deve ser "espaço", deve ser parte viva das outras formas da construção. No corpo do alumínio, a luz servia então como sistema arterial, indispensável ao estado de atividade do organismo ambiental. Tudo concorria para completar o interior: os grandes quadros publicitários, os toldos, os vidros trabalhados, os objetos diversos.

F.T. Marinetti e Fillìa

A primeira refeição futurista

A Taberna Santopaladar foi inaugurada na noite de 8 de março de 1931, após uma febril jornada de intenso trabalho na cozinha, onde os futuristas Fillìa e P. A. Saladin competiam com os cozinheiros do restaurante, Piccinelli e Burdese, na preparação dos pratos.
Eis a lista da primeira refeição futurista:

1. *Antepasto intuitivo* (fórmula da Senhora Colombo-Fillìa)
2. *Caldo solar* (fórmula Piccinelli)
3. *Todoarroz*, com vinho e cerveja (fórmula Fillìa)
4. *Aeroprato, tátil, com rumores e odores* (fórmula Fillìa)
5. *Ultraviril* (fórmula P.A.Saladin)
6. *Carnescultura* (fórmula Fillìa)
7. *Paisagem alimentar* (fórmula Giachino)
8. *Mar da Itália* (fórmula Fillìa)
9. *Salada mediterrânea* (fórmula Burdese)
10. *Frangofiat* (fórmula Diulgheroff)
11. *Equador + Polo Norte* (fórmula Prampolini)
12. *Docelástico* (fórmula Fillìa)
13. *Reticulados do céu* (fórmula Mino Rosso)
14. *Frutas da Itália* (composição simultânea)
15. *Vinho Costa – Cerveja Metzger – Espumante Cora – Perfumes Dory.*

Apresentamos integralmente a notícia sobre a noite como apareceu no jornal *La Stampa*, em um completo artigo do redator Dr. Stradella:
"Ninguém ignora o interesse e as polêmicas que agitam o mundo inteiro, pela anunciada inauguração do *Santopaladar*. O acontecimento assumirá estão uma importância excepcional, cuja data ficará impressa na história da arte cozinhária assim, como indelevelmente foram fixadas, na

A cozinha futurista

história do mundo, as datas do descobrimento da América, da tomada da Bastilha, do Tratado de Viena e do Tratado de Versalhes".

Uma notícia redigida nestes termos não pode ser nada além de maravilhosamente futurista. Ninguém a não ser um futurista, é preciso reconhecê-lo sinceramente, segue, além de todo limite extremo, os pressupostos de sua doutrina. "Mesmo reconhecendo – adverte Marinetti – que os homens mal ou grosseiramente nutridos tenham realizado grandes coisas no passado, nos afirmamos esta verdade: pensa-se, sonha-se e age-se segundo o que se bebe e o que se come".

Rumo ao alimento em pílulas

Não gratificado, então, pelas imensas vitórias pictóricas, literárias, artísticas que acumula há vinte anos, o futurismo italiano visa, hoje, a uma renovação de base: este, de fato, ousa afrontar ainda a impopularidade, com um programa de renovação total da cozinha.

Omitimos que o Santopaladar, apesar da aparência um pouco blasfema para o passadismo vulgar, é uma deliciosa taberna turinesa, na qual, durante a noite passada, aconteceu lugar a primeira refeição da cozinha futurista: uma lista de quatorzes pratos, vinhos diversos, perfumes, espumantes.

O leitor, ou talvez melhor, a amável leitora, desejará conhecer, a fundo, as mais recônditas razões de tal tentativa, para falar passadistamente; ou de tal realização, para falar futuristicamente. O desejo é legítimo. Quanto à satisfação deste, somos tomados por uma sensação de responsabilidade ao responder. Responderemos, em todo caso, cientificamente, exatamente, valendo-nos das próprias palavras do Chefe dos Futuristas italianos: "Autopraticamente, nós futuristas relevamos o exemplo e as advertências da tradição para inventar a todo custo um *novo*, julgado por todos 'loucura', razão pela qual estabelecemos agora o nutrimento adequado a uma vida sempre mais aérea e veloz".

Por consequência, são abolidos tantos pratos: o macarrão, em primeiro lugar, e enquanto se espera da química o cumprimento de um preciso dever, ou seja, aquele "de dar rapidamente ao corpo as calorias necessárias mediante equivalentes nutritivos (fornecidos gratuitamente pelo Estado) em pó ou pílulas" invenção única, apta a nos fazer alcançar "uma real diminuição do custo de vida e dos salários, com relativa redução das horas de trabalho"; na espera desse dia, então, poder-se-á realizar a refeição perfeita, que exige uma harmonia original da mesa (cristais, louças, ornamentos) com os sabores e as cores dos alimentos e originalidade absoluta dos próprios alimentos.

Na taberna de alumínio

Mas agora retornemos à Taberna Santopaladar idealizada, criada e decorada pelo arquiteto Diulgheroff e pelo pintor Fillìa, e que vocês devem imaginar como uma grande caixa cúbica enxertada, de um lado, em uma outra menor: adornada por colunas semi-incolores inteiramente luminosas e por grandes olhos metálicos, também luminosos, incrustados na metade da parede; revestida, de resto, de puríssimo alumínio, do teto ao chão. Aqui, por volta da meia-noite do domingo, haviam marcado um encontro os futuristas turineses e as pessoas por eles convidadas. Ao cumprimento do ritual estavam presentes, entre outros, S. Ex[a]. Marinetti, Felice Casorati, o pintor Peluzzi, o pintor Vellan, o escultor Alloati, o professor Guerrisi, alguns jornalistas; não faltavam várias belas senhoras, em *toilettes* deliciosamente passadistas.

Speaker oficial, ou seja o anunciador e o ilustrador de cada um dos pratos, era e não poderia deixar de sê-lo, o pintor Fillìa. Quatorze os pratos, já dissemos. Ei-los. Primeiro: *Antepasto intuitivo*. Não é difícil compreender que se trata, de certo modo, de uma surpresa, e de um outro, de uma preparação para o prato seguinte. Não se pode, a este ponto, esquecer que a invenção de complexos plásticos saborosos, cuja harmonia original de forma e de cor nutre os olhos e excita a fantasia antes de tentar os lábios, seja uma norma fundamental para uma

A cozinha futurista

refeição perfeita. Escolheremos, então, uma grande laranja, e através de um furo, liberá-la-emos de sua polpa: o esquelético invólucro nós trataremos de modo a obter a figura de uma pequena cesta, com o cabo e a redonda cavidade. Aqui colocaremos uma fatiazinha de presunto enfiado um em pedaço de grissini, uma alcachofrinha ao azeite, um pimentinha em conserva. No interior desta última será lícito enfiar um bilhetinho enrolado, sobre o qual será precedentemente escrita uma máxima futurista, ou mesmo um elogio a um convidado. Será fácil descobrir a *surpresa* já que rege "a abolição do garfo e da faca para os complexos plásticos que possam proporcionar um prazer tátil pré-labial". Em resumo, uma coisa finíssima.

Um prato com rumores e odores

Segunda: *Aerovianda*, tátil com rumores e odores (idealizada por Fillìa). Aqui há um pouquinho de complicações. Futuristicamente comendo, trabalha-se com todos os cinco sentidos: tato, paladar, olfato, visão e audição. Submetemos ao leitor algumas normas da refeição perfeita, que nos servirão para saborear completamente o sabor dos pratos vindouros: o uso da arte dos perfumes para favorecer a degustação. Cada prato será, assim, precedido por um perfume com ele afinado, que será eliminado da mesa, mediante ventiladores. Ou como o uso dosado da poesia e da música como ingredientes imprevistos para acender com a sua intensidade sensual os sabores de uma determinada vianda. O segundo prato consiste em quatro pedaços: no prato será servido um pedaço de erva-doce, uma azeitona, uma fruta cristalizada, e o "aparelho tátil". Come-se a azeitona, depois a fruta cristalizada, depois a erva-doce. Ao mesmo tempo, passa-se com delicadeza a ponta dos dedos indicador e médio da mão esquerda sobre o aparelho retangular, formado por um retalho de damasco vermelho, um quadradinho de veludo preto e um pedacinho de lixa. De uma fonte sonora, cuidadosamente escondida, partem as notas de um trecho de ópera wagneriana e, simultaneamente, o mais hábil e gentil dos garçons pulveriza pelo ar um perfume. Resultados maravilhosos: é provar para crer.

O metal que perfuma

Terceiro prato: *Caldo solar* (idealizado pelo cozinheiro Ernesto Piccinelli). É um *consommé* no qual são embalados alguns ingredientes, da cor do sol. Excelente. Quarto prato: *Todoarroz* (de Fillìa). É uma coisa muito simples: um risoto à italiana, temperado com vinho, cerveja e fondue. Muito bom.

Quinta rodada: *Carneplástico*. Este prato é um marco da cozinha futurista. Transcrevemos aqui a receita, para a alegria das nossas leitoras: "interpretação sintética das paisagens italianas, é composto de uma almôndega cilíndrica de carne de vitela assada, recheada com onze qualidades diferentes de verduras e legumes. Este cilindro, disposto verticalmente sobre a base do prato, é coroado por uma camada de mel, e sustentado na base por um anel de linguiça que se apoia sobre três esferas douradas de carne de frango". Um prodígio de equilíbrio.

Sexta: *Ultraviril*. Não nos demoraremos em descrições minuciosas: Basta dizer que é um prato para senhoras. Sétima: *Paisagem alimentar*. É o inverso dos pratos anteriores; esta é só para homens. Excelente.

O Mar da Itália, a Salada mediterrânea e o *Frangofiat*, o oitavo, o nono e o décimo pratos, servem-se juntos. Particularmente notável este último, idealizado por Diulgheroff. Pega-se um frango respeitável, e cozinha-se o mesmo em dois tempos: primeiro afervendo, depois assado. Cava-se na coluna da ave uma cavidade grande, dentro da qual colocam-se uma porção de bolinhas, das que se usam para coxim, de aço doce. Sobre a parte posterior da ave costura-se, em três fatias, uma crista de galo crua. Coloca-se no forno a escultura assim preparada, deixando-a por aproximadamente dez minutos. Quando a carne tiver

A cozinha futurista

absorvido bem o sabor das bolinhas de aço doce, então o frango é servido à mesa, com adorno de chantilly.

Ainda foram servidos outros dois pratos, fora do programa. Um deles, oferecido exclusivamente aos jornalistas, não nos pareceu facilmente decifrável. Acreditamos ter encontrado traços de mortadela de Bolonha, de maionese, daquele tipo de doce turinês conhecido sob a denominação de creme Gianduia; mas, vinte e quatro horas depois da ingestão, após um minucioso exame de consciência, não somos mais capazes de afirmar nada. Mais simples, ao contrário, o outro prato extra, que o pintor Fillìa definiu *Porroniana* e Marinetti: porco excitado. Um salame cozido normal veio apresentado imerso em uma solução concentrada de café expresso, e temperado com Água de Colônia.

O ritual, assim, está para chegar ao fim. E na hora do espumante falaram Felice Casorati, o escultor Alloatti, o advogado Porrone, Emilio Zanzi, o pintor Peluzzi e enfim S.Ex.ª Marinetti, que elogiou vivamente Fillìa e Diulgheroff pelos concretos resultados atingidos.

Apareceram contemporaneamente: na "Gazzetta del Popolo" um divertido artigo de Ercole Moggi *A Taverna Futurista do Santopaladar inaugurada por F. T. Marinetti*; no *Regime Fascista* um entusiástico artigo de Luigi Pralavorio: *Macarrão já era: Carnescultura*, no *Giornale di Genova* um favorável artigo de Marcaraf, *A inauguração do Santopaladar*. Eram os jornalistas presentes ao jantar. Em seguida, em todos os jornais italianos e estrangeiros, foram reproduzidos os artigos de Moggi e de Stradella, com clamorosos comentários e muitas fotografias mostrando os locais, as formas dos pratos, etc., etc.

Enquanto jornalistas e fotógrafos de Roma e de Paris chegavam à "Taverna Santopaladar", Ercole Moggi, após nova entrevista com o pintor Fillìa, publicou na "Gazzetta del Popolo" um outro artigo: *Revelados os mistérios da cozinha futurista*, em que eram fornecidas as fórmulas exatas das primeiras iguarias realizadas, indicava-se o custo

F.T. Marinetti e Fillìa

mínimo das refeições futuristas e anunciavam-se outras surpreendentes manifestações iminentes. Sob os títulos: "Os cozinheiros futuristas em teste"– "Isto não é nada, avançaremos muito mais"–"Fillìa contra Artusi"– "Santopaladar? Ora!" os maiores jornais do mundo difundiram, discutiram e polemizaram. De Estocolmo a Nova York, de Paris a Alexandria no Egito chegavam páginas inteiras de jornais ilustrados dedicadas ao assunto. A cozinha futurista havia conseguido se impor e iniciava assim o período mais intenso de suas afirmações para a renovação da alimentação.

As discussões sobre a cozinha futurista não deveriam naturalmente limitar-se somente ao campo alimentar, porque a nossa vontade de renovação expressou-se sempre claramente a favor de todos os ramos e de todas as atividades da arte e da vida. Portanto, são para sublinhar as adesões dos diversos jornalistas, construtores, arquitetos, etc., que, logo após a nossa batalha, falam da necessidade de modificar também o interior dos locais, de dar um ar de modernidade às Feiras de produtos agrícolas e industriais, isto é, de apresentar os alimentos e os produtos da cidade e do campo segundo o espírito dos nossos tempos.

No *Manifesto da cozinha futurista* fala-se com precisão da necessidade de servir-se da eletricidade e de todas as máquinas que aperfeiçoam o trabalho dos cozinheiros. Muitos restaurantes adotam fogões elétricos, fornos elétricos, etc., mas infelizmente continuam a recorrer aos estrangeiros, esquecendo-se de que na Itália existem insuperáveis produtores de fogões, fornos, caldeiras, etc. etc. O Eng. Pittalunga, por exemplo, ultimamente nos fazia notar a intensa propaganda da S.P.E.S para esta produção italiana e sublinhava como infelizmente os proprietários dos grandes restaurantes são ainda desconfiados a respeito das máquinas que, não apenas oferecem as maiores garantias, mas são estudadas de tempos em tempos de acordo com a necessidade de aplicação e funcionamento, com indiscutíveis vantagens sobre os produtos importados.

A cozinha futurista

Em um outro campo, é digno de nota também o artigo do Dr. Alamanno Guercini, redator-chefe do *Giornale Vinicolo Italiano* (que inteligentemente se ocupou, em muitos escritos, da cozinha futurista) o qual aborda o problema da decoração dos locais onde se consomem vinhos e bebidas italianas. Eis os pontos principais do seu artigo:

"Há tanta gente, neste mundo, que pode gostar das formas arquitetônicas antigas e degustar vinhos modernos (preparados nos ultramodernos estabelecimentos enológicos!) entre os muros de construção medieval, ou nas catacumbas estranhamente complicadas, ensurdecidos pela música selvagem à base das "jazz-band". Esta gente não pensa de fato que naquelas épocas remotas a uva era esmagada com os pés; ou se por acaso pensam, não atribuem a isso nenhuma importância. Provavelmente não querem nem mesmo lembrar que os barris de madeira cujos arredores são abundantemente decorados vão – ai de nós! – diminuindo de importância nas novas cantinas que adotam largamente as enormes baterias de banheiras em cimento armado em andares múltiplos."

Por exemplo: em um estabelecimento de recente edificação, em Roma, de quatro milhões de litros de capacidade, somente um milhão e meio foram reservados aos barris de madeira.

Até mesmo os pobres tonéis seguem o influxo do modernismo, e após terem tentado ovalizar-se ao máximo, explodiram na construção das enormes tinas de oitenta litros.

Nós devemos dominar as nossas predileções artísticas pessoais e percorrer aquelas vias mais úteis e prático-econômicas de propaganda vinícola que parecem dar resultados.

Parece-me, com respeito a todas as opiniões, que o vinho poderia hoje procurar e encontrar na arte dos inovadores, na genialidade dos futuristas, uma aliança muito apreciável, no que concerne a arquitetura, decoração, pavilhões, restaurantes, apresentação, publicidade.

Se o vinho é uma bebida de tradição antiquíssima, é entretanto bebida que se renova anualmente, que se moderniza com o progresso

F.T. Marinetti e Fillìa

multiforme: é uma bebida dinâmica, que contém carburante-homem e carburante-motor.

Com isto, não se negará nem se criticará qualquer outra iniciativa da arte para valorizar o vinho: apenas se solicitará que se abram as portas aos artistas de vanguarda e à sua atividade artística e publicitária, que por muitas razões se pode imaginar bem aceita por um extenso público de produtores, industriais, comerciantes, consumidores.

As direções das feiras e das mostras poderão fazer muito.

Nos concursos regulares dos pavilhões que têm por objeto o vinho, antes de construir *stands*, de organizar a publicidade, os vinicultores deveriam considerar seriamente as concepções artísticas novadoras.

É tempo de exaltar e propagandear o vinho com os mesmos critérios da modernidade, do futurismo, aplicados praticamente.

Em Paris, na Mostra Colonial, numerosos pavilhões de vinhos, cerveja, licores, restaurantes, especialidades, etc., eram de estilo racional. E o mais moderno e mais animado era o restaurante italiano idealizado pelos arquitetos futuristas Fiorini e Prampolini.

Em Paris, em Berlim, em Viena, centenas de bares são em estilo futurista. Neles há higiene, economia, espaço, esplendor de metais e de cristais.

Em Pádua, o Pavilhão de Arte Sacra é uma realização racional verdadeiramente útil, bela e que cumpre sua função.

Muitos catálogos de vinhos franceses são publicações completamente futuristas.

E pode-se acrescentar, aos numerosos valores dos locais modernos, catálogos, cartazes futuristas, aquele da economia: que não deve ser menosprezado nestes momentos difíceis.

Na Itália, pouquíssimas e esporádicas foram até hoje as tentativas, enquanto o trabalho destes artistas italianos é apreciado no exterior.

Quero acreditar que em 1932, se manifestações vinícolas acontecerem em Roma, elas se aproveitarão largamente das novas formas de arte.

A cozinha futurista

Deve haver lugar para todos, no campo da propaganda vinícola! E se os futuristas italianos se ocuparem com fecunda e prática atividade, da propaganda e valorização do vinho italiano, farão coisa útil e boa.

Eu já esperava isto há um ano, escrevendo no "Giornale Vinicolo Italiano", a propósito da cozinha futurista.

E agora convidamos os artistas inovadores a colaborar conosco, na intenção de servir, também desta forma, aos interesses vinícolas nacionais.

Conferências Cozinhárias

A polêmica sobre a cozinha futurista era tão intensa e presente em cada um, que todas as conferências de Marinetti eram freqüentemente seguidas por clamorosas discussões a favor e contra o macarrão, a favor e contra os novos pratos futuristas.

Marinetti, em frente a imensas multidões, fez, de fevereiro de 1931 a fevereiro de 1932, as seguintes conferências, nas quais exaltou e impôs à atenção do público os valores da nova cozinha:

– "Sala dell'Effort" em Paris, inaugurando a Mostra de Aeropintura Futurista.

– "Galleria Vitelli" de Gênova, na abertura da Mostra do grupo vanguardista e futurista "Sintesi".

– "Galleria Botti" de Florença, durante a Mostra de Aeropintura Futurista.

– "Circolo degli Artisti" de Trieste, inaugurando a Mostra de Aeropintura Futurista.

– "Amici dell'Arte di Novara", inaugurando a Mostra dos pintores futuristas Fillìa, Oriani, Mino Rosso, Diulgheroff, Pozzo, Zucco, Saladin, Alimandi e Vignazia.

– "Circolo Sociale" di Cúneo, na abertura da Mostra pessoal dos pintores futuristas Fillìa e Zucco.

– "Institutos Fascistas de Cultura" de Brescia e Cremona.

F.T. Marinetti e Fillìa

– Turnê de propaganda em diversas cidades da Tunísia.
– Conferências futuristas em Budapeste.
– "Teatro Nacional" de Savona, por ocasião da Mostra dos grupos futuristas turineses e ligúrios.
– Conferências em Sofia e Istambul.

A refeição futurista de Novara

Durante a "Mostra de Arte Futurista" no Círculo dos Amigos da Arte de Novara, foi organizado, por iniciativa do Dr. Rosina, Presidente da Federação dos Comerciantes, um banquete dirigido pelos futuristas Fillìa e Ermanno Libani. Eis como o diretor do jornal A *Itália Jovem* descreveu em um brilhante artigo o acontecimento:

"É realmente um pecado que sobre este jantar futurista – realizado domingo, 18 de abril, em Novara – ninguém tenha escrito um depoimento verbal estenografado consagrando ao futuro os comentários com que Fillìa preanunciava os pratos.

A lista era composta pelas seguintes novidades: *Antepasto Intuitivo; aeroviânda (tátil, com rumores e odores); todoarroz; carnescultura; mar da Itália; frangofiat, docelástico; fruta simultânea*; vinhos, cervejas, espumantes, perfumes e músicas da Itália.

O horário estabelecido para o banquete já havia passado há muito e ninguém falava em finalmente dar princípio a este banquete luculiano. Aproximo-me de...

– Escute, caro, no atraso são passadistas vocês também, eu achava que os futuristas, para inovar, teriam antecipado mas ao contrário há a mesma espera asfixiante como em todas as refeições deste mundo burguês.

Ele me olha e sorri irônico. – Comer no futuro... que poderia haver de mais futurista?

A cozinha futurista

O início da refeição

Como Deus quer, entenda-se o Deus dos futuristas, aquilo que Fillìa nos apresentará na mostra de arte sacra de Pádua, sentamo-nos à mesa: *Antepasto intuitivo*. É convicção geral que este prato será na realidade pulado completamente para ser fiel à sua definição de intuitivo: mas não. Servem-nos elegantíssimos cestinhos escavados em casca de laranja e preenchidos com tudo o que constituía o velho antepasto caro às nossas bisavós: salame de autêntico porco e picles Cirio, tudo atravessado por pequenos bastões de grissini que, segundo informações seguras de estudiosos do gênero, eram já utilizados mesmo há vinte anos.

Mas algo de novo existe, e consiste em minúsculos bilhetes escondidos dentro das azeitonas recheadas. Estes bilhetes são cuspidos, abertos e lidos em voz alta com grande deleite para os presentes: Emanuelli é o maior jornalista, assinado Enrico Emanuelli.

Isto também já sabíamos.

A Aerovianda

E chegamos à *Aerovianda*: é um prato que não aconselho aos esfomeados. É composto por uma fatia de erva-doce, uma azeitona e uma bergamota. Há ainda um pedaço de cartolina sobre o qual estão colados, um perto do outro, um pedaço de veludo, um pedaço de seda e um pedaço de lixa: não é obrigatório – explica Fillìa – comer a lixa, servirá apenas para tocar com a mão direita dando sensações pré-labiais que tornam saborosíssimas as iguarias, as quais devem ser levadas à boca contemporaneamente com a mão esquerda.

Com relação aos odores, o garçom passa com um grande esborrifador espargindo a cabeça dos convidados (sugerimos a Fillìa servir uma outra vez tal lavagem capilar, morna, para a incolumidade, dos resfriados, dos homens calvos).

F.T. Marinetti e Fillìa

A refeição, entre risos, ironias e sátiras, prossegue jubilosamente: o que deixou todos em tal estado foi o anúncio de que não haverá discursos oficiais. Um pouco da culpa é também do Grignolino quase mau-caráter.

E a digestão é protegida.

Todoarroz: um prato muito viril na forma, e composto basicamente por arroz temperado com vinho e cerveja. Comestibilíssimo: há até quem peça bis.

Terminado o *todoarroz*, muda-se tudo : apagam-se as luzes brancas e continuam acesas as vermelhas: semiescuridão. O cavalheiro Fontana me sussurra: os pratos futuristas, como certos versos de poetas modernos e como todos os químicos brilhantes, precisam de muita penumbra.

Servirão um prato inventado na hora pelo cavalheiro Coppo, proprietário do hotel d'Itália.

Os garçons servem enquanto o coaxar das rãs é reproduzido por uma *"battistangola"*.[1]

Arroz e feijão, rãs e salame.

Ótimo.

Mas por que não reproduziram – pergunta, alguém – também o grunhido dos porcos? Havia salame também!!

– A carnescultura – grita Fillìa – é o produto de todos os jardins da Itália.

Aqui se corre o risco de uma indigestão!

Passemos ao *mar da Itália* que até os passadistas poderiam sem esforço introduzir no elenco das delícias de família.

Sobre um prato ogival são dispostos sobre o maior raio pedaços de filé de peixe cozidos na manteiga sobre os quais são fixados, em ordem decrescente com o auxílio de um palito de dentes, uma cereja confeitada, um pedaço de banana da Austrália, um pedaço de figo.

---

[1] Instrumento de ferro ou madeira que emite som parecido com o coaxar das rãs.

A cozinha futurista

Nos dois lados do prato creme de espinafre, em cima e no fundo molho Cirio. O aspecto de um grotesco transatlântico, o sabor da nossa melhor cozinha.

Sobre o *frangofiat*, calo-me a título de protesto. Para nos acalmar, Fillìa tece elogios à mulher do futuro careca e de óculos: eis uma combinação de sorte, mulheres calvas e *frangofiat*!

O *docelástico* é formado por modestas carolinas recheadas com creme de cores berrantes. É um doce elástico porque colaram sobre cada um pedaço de ameixa.

A *fruta simultânea* é composta por diversos pedaços... de fruta descascada conectados entre si: laranja, maçã, fruta seca.

Café, stop.

O grande banquete futurista de Paris

Na Exposição Colonial de Paris o arquiteto futurista Fiorini realizou um audaz pavilhão que sediou o Restaurante italiano. O interior do pavilhão, amplo salão com capacidade para mais de cem mesas, tinha sido genialmente decorado com oito enormes painéis do pintor futurista Enrico Prampolini: estes painéis, por reconhecimento geral, representam o que de mais moderno, de mais lírico e de mais inventivo se pode realizar sobre o tema "colonial". Davam ao ambiente uma atmosfera simultaneamente africana e mecânica que dava esplendidamente a vontade de interpretar os motivos coloniais segundo uma sensibilidade moderna e futurista.

Neste restaurante adequadíssimo, as "Edições Franco-Latinas" representadas pelos senhores Bellone e Farina e pelo senhor Pequillo, quiseram realizar pela primeira vez em Paris a cozinha futurista e entraram em acordo com os pintores Prampolini e Fillìa para o preparo da refeição.

A multidão que se empurrava na noite da manifestação para intervir no grande banquete era a melhor de Paris. Estavam representados os maiores jornais franceses.

F.T. Marinetti e Fillìa

A lista dos pratos:

1. *Les grandes eaux* (du peintre Prampolini)
2. *Carrousel d'alcool* (du peintre Prampolini)
3. *Hors d'oeuvre simultané* (du peintre Fillìa)
4. *Excitant gastrique* (du peintre Ciuffo)
5. *Préface variée* (du peintre Prampolini)
6. *Toutriz* (du peintre Fillìa)
7. *Les îles alimentaires* (du peintre Fillìa)
8. *Equatore + Polo-Nord* (du peintre Prampolini)
9. *Aéromets, tactile, bruitiste et parfumé* (du peintre Fillìa). *Poulet d'acier* – à surprise (du peintre Diulgheroff) *Cochon excité* – à surprise (d'un primitif du 2000).
10. *Viandesculptée* (du peintre Fillìa)
11. *Machine à goûter* (du peintre Prampolini)
12. *Paradoxe printanier* (du peintre Prampolini)
13. *Gateauélastique* (du peintre Fillìa)
14. *Vins – Mousseux – Parfums – Musiques – Bruits et chansons d'Italie.*

Além de tudo, entre um prato e outro, eram anunciados números de dança, de canto e de música.

O jornalista futurista Francesco Monarchi, redator-chefe da *Nova Itália*, descreve assim o banquete:

"Os acontecimentos que estamos para expor são de uma gravidade excepcional. De fato, o mero anúncio da refeição futurista havia levantado entre os compatriotas "bempensantes" uma onda de reprovações e de comentários hostis que ameaçavam uma complexa insurreição espiritual. Estes bempensantes achavam indigno o caráter revolucionário dos pratos

A cozinha futurista

anunciados, porque segundo eles, as tradições, especialmente as gastronômicas, não devem jamais ser tocadas."

"Por dever jornalístico devemos registrar que, na realidade, os títulos das iguarias podiam dar margem às mais negras apreensões e a complicação das músicas, dos perfumes, dos pratos táteis, dos rumores e das canções representava absolutamente um pesadelo dificilmente superável."

"Apesar desta onda de pessimismo, muitos corajosos, enfrentando a distância, a inclemência do tempo e o terror do acontecimento, encheram o salão do Pavilhão futurista na noite da última quarta-feira."

* * *

Na entrada, a senhora Belloni e a senhorita Farina, organizadoras do evento junto com as *Edições Franco-Latinas*, recebiam os heroicos convidados. Palidíssimas de emoção (palidez que entretanto aumentava sua graça), as duas senhoras estavam na impossibilidade absoluta de animar os temerosos, que, reunidos na soleira, em uma última dúvida angustiante, não ousavam penetrar na sala.

No entanto, a festosa alegria do ambiente animado pelos enormes painéis de Prampolini, a segurança eletrizante de S. Ex. Marinetti, o imponente aparato do pessoal de serviço e a branca calma tradicional das mesas postas, transmitiram a coragem das próprias ações aos titubeantes.

Somente as faces enigmáticas de Prampolini e Fillìa, idealizadores dos pratos futuristas, mantinham o mistério do iminente ritual.

Contrariamente aos nossos hábitos, daremos uma ampla lista de nomes, já que esses passarão para a história como precursores no degustar a cozinha do futuro.

S. Ex[a]. o Príncipe de Scalea, sempre sensível a qualquer manifestação italiana, estava à mesa de honra com alguns membros de seu Comissariado, entre os quais o Comendador Dall'Oppio e o Marquês

F.T. Marinetti e Fillìa

de San Germano, com o representante do Ministro Reynaud, o Regente do Fascio doutor Saini, o deputado Ciarlantini, o advogado De Martino, secretário administrativo do Fascio, o cavalheiro Gennari do Diretório.

Em outras mesas: o advogado Gheraldi da Sociedade dos Autores, Vittorio Podrecca, o crítico de arte Eugenio D'Ors da Academia de Madri, o Conde Emanuele Sarmiento, o doutor Lakowsky, o senhor Cartello, o conhecido pintor Sepo, o senhor Pequillo das *Edições Franco-Latinas*, etc.

Muitas e elegantes senhoras haviam corajosamente desafiado a aventura. Notamos: a Marquesa de San Germano, Madame Van Donghen, a Condessa De Fels, Madame Mola, Madame De Flandreysy, Madame Lakowsky, a Senhora Podrecca, Madame Madika, Madame Tohaika, Miss Moos, Madame Massenet-Kousnezoff, a senhorita Cirul, Madame Ny-eff, Madame Castello, a Senhora Pequillo, a senhorita Budy, Durio, etc., etc.

* * *

Às 21h30 um soar de gongo formidável reconduz os presentes à realidade das coisas. Uma imprevista luz verde torna ainda mais espectrais os comensais.

São anunciadas as duas misturas-aperitivos criadas pelo pintor Prampolini:

As grandes águas e *Carrossel de álcool*. Surpresa geral ao pescar, em uma, chocolate e queijo navegantes em Barbera[2], sidra e bitter, e de recolher na outra, uma cândida cápsula envolvendo uma dose de anchova. Algumas caretas, mas primeiro resultado satisfatório, tanto que alguns repetiram.

Três antepastos servidos contemporaneamente cortaram pela raiz as polêmicas sobre os aperitivos. O *antepasto simultâneo* de Fillìa (casca

---
2   Vinho tinto do Piemonte.

A cozinha futurista

de maçã triturada, salame e anchovas), o *estimulante gástrico* (rodela de abacaxi com sardinha, atum e nozes) e o *início variado* de Prampolini (manteiga, azeitona, tomates e confeitos), se alarmaram pelas suas formas audazes, conquistaram rapidamente a simpatia dos paladares.

Nenhuma trégua: o *Todoarroz Fillìa* é anunciado como uma mistura de arroz, cerveja, vinho, ovos e parmesão. É devorado pelos comensais que começam a modificar seu primitivo estado de ânimo.

Primeiro intervalo: a senhorita Jole Bertacchini, do San Carlo de Napoli, canta deliciosamente e é muito aplaudida.

Retorna inexorável o imponente desfile de garçons que trazem agora as *ilhas alimentares* de Fillìa, excelente união de peixe, banana, cereja, figo, ovos, tomates e espinafre.

Outra interrupção e Mira Cirul inicia as suas danças que suscitam um grande e continuado entusiasmo. Na verdade, a arte moderníssima desta dançarina extraordinária é dificilmente superável, posto que talvez apenas ela tenha compreendido quanta beleza possa derivar de uma interpretação absolutamente nova e genial da dança.

Quando começava-se a criar um certo hábito pela cozinha futurista, o Conde Sarmiento, que se havia oferecido para explicar os pratos, anuncia a *Aerovianda* do pintor Fillìa.

A *Aerovianda* é composta por frutas e legumes diversos que são comidos com a mão direita sem a ajuda de nenhum talher, enquanto a mão esquerda acaricia um prato tátil formado por lixa, veludo e seda. Ao mesmo tempo, a orquestra entoa um barulhento e violento jazz, e os garçons esborrifam na nuca de cada comensal um forte perfume de cravo. A sala ribomba pelos gritos das senhoras violentamente aspergidas com perfume, pelos risos gerais e pelos aplausos definitivos e intermináveis.

(Apenas uma pessoa permanecia alheia ao entusiasmo geral: imediatamente interrogada descobriu-se que era canhota – por isso esfregava o prato tátil com a direita enquanto comia com a esquerda).

F.T. Marinetti e Fillìa

Desde já a renovação da cozinha futurista havia triunfado. A *Carnescultura* de Fillìa, o *Polo Norte + Equador* de Prampolini, o *Paradoxo de primavera* e a *Máquina de degustar* de Prampolini, o *Docelástico* de Fillìa, apesar da audácia de formas e originalidade de conteúdo, foram apreciadíssimos.

Entre os diversos pratos, foram reservados a apenas dez pessoas dois pratos surpresa. O *Frango de aço* de Diulgheroff e o *Porco excitado*. O corpo do frango mecanizado pelos confeitos de coloração alumínio, e o salame imerso em um molho de café e água de colônia foram declarados excelentes.

Outro intervalo: a Senhora Maria Kousnezoff, da Ópera e do ex-teatro imperial de São Petersburgo, em duas interpretações, acompanhada ao piano pelo Maestro Balbis, demonstrou mais uma vez sua excepcional qualidade de voz que lhe deram fama mundial.

O senhor Roberto Marino, da Ópera de Monte-Carlo, cantou depois admiravelmente algumas canções napolitanas.

***

S. Ex[a]. Marinetti, que havia participado do banquete não somente presidindo-o mas intervindo a todo momento nas discussões e na exaltação das iguarias, elogiou o jantar futurista como a primeira realização em Paris do célebre *Manifesto da cozinha futurista*, manifesto que suscitou uma polêmica mundial, com mais de dois mil artigos e demonstrou o sentido de arte-vida que sempre animou as atividades futuristas.

Depois de ter louvado as criações gastronômicas dos pintores Prampolini e Fillìa, e após ter relevado a magnífica organização da noite por parte das *Edições Franco-Latinas*, S. Ex[a]. Marinetti com sua habitual eloquência homenageou a coragem dos presentes e observou com satisfação o contentamento geral.

A cozinha futurista

S. Ex.ª Marinetti, com muito espírito, aludiu então aos números de canto e dança sobressaltando o proposital contraste da parte lírica (exclusivamente tradicional) com o futurismo integral do jantar e das danças.

* * *

Enquanto se renovam os aplausos ao breve e vivo discurso de Marinetti, aparece na sala Joséphine Baker, acompanhada pelo senhor Abbatino.

A Baker recebeu a mais festiva acolhida e participou do fim da excepcional noite que se fechou com danças animadíssimas.

Joséphine Baker, transformada subitamente no centro das atrações mais vivo e completo, teve um papel importantíssimo no bom êxito da festa: ao seu irresistível fascínio deve-se, na verdade, a definitiva superação entre os convidados de suas últimas dúvidas sobre as conseqüências da cozinha futurista.

O aeroalmoço futurista de Chiavari

O Comendador Tapparelli organizou admiravelmente em Chiavari, a 22 de novembro de 1931, uma jornada futurista, em que inaugurou-se uma Mostra de Arte Futurista, realizou-se o Circuito de Poesia (ganho pelo poeta triestino Sanzin) e uma conferência de F. T. Marinetti sobre *Futurismo mundial*. Além disso, mais de trezentas pessoas participaram do grande aeroalmoço realizado no Hotel Negrino: lá encontravam-se as maiores autoridades da Cidade e da Região.

Longos artigos foram dedicados ao acontecimento, em todos os jornais lígures, no *Corriere della Sera* e em muitos outros jornais italianos. Damos aqui os pontos essenciais do brincalhão artigo de um redator do *Corriere Mercantile*:

"A parte forte do dia – parte forte ao menos para o cronista ávido de divagações e desejoso de ocasiões para os assim chamados parênteses de cor – foi sem dúvida o "Primeiro aeroalmoço futurista", uma espécie de orgia carnescultural que se desenrolou nos salões do Hotel Negrino e que submeteu a uma dura prova o estômago de uns trezentos convidados."

Cada prato foi escrupulosamente preparado pelo célebre cozinheiro Bulgheroni, especialmente vindo naquele dia de Milão a Chiavari, para romper com os seus molhos a maciça porta fechada dos ravioli e do macarrão.

Tâmaras surpresa

O almoço, entre a mais viva expectativa dos presentes, muitos dos quais sentiam na cavidade gástrica certo tremor que não era de todo devido ao apetite, mas a certo temor racional, iniciou-se com uma *Empada de aquecimento*: uma espécie de antepasto talvez poético demais para ser apreciado devidamente pelo estômago que, como se sabe, é um bruto materialista. Era composta, esta empada, por uma cabeça de vitelo nadando, mísera e desconcertada, em meio a uma profusão de abacaxis, de nozes e de tâmaras: tâmaras que se revelaram, ao exame dos dentes, cheias de uma surpresa quase ciclópica: elas estavam cuidadosamente recheadas de anchovas de modo que, desta inocente cabeça, destes abacaxis e com estas frutas africanas misturadas a peixe, desabrochou uma espécie de pudim que deixou cada esôfago engasgado de admiração.

As rosas em calda

Prosseguiu-se, então, audaciosamente com um *Decolapaladar*; nome que designava uma calda de natureza bastante bizarra, composto por partes quase iguais de caldo de carne, de champagne e de licores: sobre esta mistura, que para os iniciados deve ter extraordinárias virtudes apetitivas, nadavam, vagas e frágeis, grandes pétalas de rosa. Postos

A cozinha futurista

diante de tal obra prima da lírica brodística, os convidados tentaram corajosamente o experimento da deglutição; porém mais de um com evidente covardia, renunciou a levá-lo a cabo e contentou-se apenas em tirar do prato uma pétala de rosa, enxugá-la com o guardanapo e guardá-la na carteira como recordação do almoço e como testemunho de um banquete a ser contado, mais tarde, aos netos.

Teve lugar o terceiro prato, *Boi na fuselagem*, ou seja, misteriosíssimas almôndegas sobre cuja composição não é bom nem útil indagar, acomodadas sobre aeroplanos de miolo de pão. Belos os aviões, menos belas as almôndegas. De qualquer modo, este prato esteve entre os mais apreciados como aquele que ofereceu a muitos dos convidados o direito de saciar sua fome ao menos com pão, que como nunca então pareceu um alimento precioso e divino.

Eletricidade atmosférica confeitada

E eis que aparecem os garçons com grandes bandejas carregando o *Servovoadinhas de pradaria*, que consiste em uma combinação discretamente diabólica, em que fatias de beterraba e fatias de laranja faziam complô aliadas a azeite, vinagre e pitadas de sal. Muitos dos convidados já tinham, a esta altura, seu aparelho digestivo em condições não de todo normais, de modo que não se podem reprovar os que não souberam reprimir um instintivo gesto de terror no momento em que apareceu a taça contendo o *alimento conclusivo*. Alimento que se vangloriava de um nome excessivamente dinâmico: *Eletricidade atmosférica confeitada*. Estas queridas e inesquecíveis "eletricidades" tinham a forma de coloridíssimos sabonetes de mármore falso, contendo em seu interior uma massa doce formada por ingredientes que só poderiam ser precisados após uma paciente análise química. Devemos dizer, pelo escrúpulo de cronistas, que apenas uma mínima parte dos banqueteadores ousou levar este sabonete à boca: daqueles que ousaram, infelizmente não sabemos os nomes. Dizemos infelizmente porque um tal grupo de heróis merecia, ao menos, ser eternizado em uma lápide de bronze.

Chega-se, assim, ao *Amarração digestiva*: amarração que nem todos realizaram, dado que muitos já estavam aprofundados no momento da decolagem. E levantou-se a falar Marinetti que, com admirável eloquência que lhe escapava espontânea como se ele não tivesse tocado na comida, irrompeu em um violento sermão contra a infâmia do macarrão e o vitupério dos ravioli, exaltando, no confronto, os pratos futuristas e particularmente as tâmaras anfíbias das quais, no início do banquete, foi possível provar um inesquecível ensaio.

Ao sentar-se Marinetti, levantou-se o poeta Farfa, que declamou com ímpeto aviador um hino quase pindárico intitulado "Tubulação".

O aerobanquete futurista de Bolonha

Os pintores futuristas Caviglioni e Alberti organizaram em Bolonha, no Círculo dos Jornalistas, uma importante Mostra de Aeropintura que foi inaugurada por F. T. Marinetti em 12 de dezembro de 1931. A seguir os mesmos pintores, entre a maior expectativa, serviram na Casa do Fascio um grande Aerobanquete (cujo preço era de 20 liras por pessoa), que foi assim narrado no *Resto del Carlino*:

"O sucesso de curiosidade do Aerobanquete foi enorme, e o salão da Casa do Fascio, escolhido pelo especialíssimo desafio culinário, recebeu ontem à noite às 21h30 (também o horário era ligeiramente fora dos padrões!) muitas pessoas, entre as quais notavam-se personalidades e autoridades, pintores, jornalistas, senhoras e simples gourmets. E entre as autoridades estavam o Governador da Província comendador Turchi e o Magnífico Reitor da Universidade prof. Ghigi, que veio para sancionar com o sagrado selo do Studio, o rebelde movimento de ódio ao macarrão.

A cozinha futurista

Como no avião

O Aerobanquete justificou o próprio nome através do cenário criado pelos organizadores. As mesas foram dispostas com inclinações e ângulos, dando a impressão de um avião. Aqui as asas – mas finas e estreitas como em um hidroplano de alta velocidade – ali a fuselagem, acolá no fundo a cauda. (Desabitada, como costuma acontecer nos aviões autênticos). Entre as asas uma grande hélice – parada, para nossa sorte! –, mais atrás dois cilindros de motocicleta, promovidos pela ocasião a motores de avião.

No lugar das toalhas de sempre encontramos folhas de papel prateado, que na fantasia dos promotores queriam ser alumínio, e uma chapa de lata polida serve como apoio de prato em que as senhoras controlam – Oh! o delicioso espelho de sorte – sua comprometida maquiagem.

O sintetismo das mesas é evidente. Pouquíssima coisa visível. Os copos são os de sempre, os pratos e os talheres, idem idem; mas não há absolutamente flores, elas são substituídas por batatas... cruas, coloridas grosseiramente e entalhadas artísticamente; e pior para quem não sabe distinguir entre as coisas que servem ao prazer do estômago e aquelas destinadas à alegria dos olhos. Outra descoberta autêntica: o pão. Nada das rosetas comuns ou bastões à moda francesa, ou *kipfel* vienense, mas pãezinhos propositadamente modelados, que reproduzem a forma de um monomotor ou de uma hélice; e é preciso confessar que a forma se presta extraordinariamente ao cozimento perfeito da massa e ao seu abiscoitamento.

Última constatação: os garçons usam um colete de celuloide de cor azul, enquanto o pintor Alberti, diretor do refeitório, exibe um pomposo e muito chamativo colete deperiano[3] de mil cores.

---

3 Relativo ao pintor futurista Fortunato Depero.

F.T. Marinetti e Fillìa

O risoto de laranjas...

O aerobanquete é inaugurado de modo levemente passadista: com o antepasto. O qual se chama *Aeroporto picante*, mas não nos parece nada além de uma salada russa *alten-styl*, com o acréscimo de uma fatia de laranja casada com uma fatia de ovo cozido e uma azeitona. E a laranja foi coberta com manteiga colorida rosa...

Antes porém que os pareceres sobre o prato de inauguração se difundam, o prato número dois apresenta-se majestosamente entre os "oh" dos presentes.

O cardápio fala de *Estrondos ascensionais* mas S. Excelência Marinetti rebatiza o prato assim: risoto de laranja, onde o arroz é sempre aquele... o mesmo, mas o molho – ah, o molho! – é a base de laranja. E com pequenas fatias de laranja fritas doura-se a palidez da iguaria.

O risoto de laranja, sejamos sinceros, provoca certa inquietude nos escalões.

... e os rumores "nutrientes"

Temíamos o advento de qualquer complicação, mas repentinamente a sala mergulhou em uma diáfana luz azul e um motor começa a funcionar na sala ao lado. O pintor Alberti anuncia gravemente – mas por que aquele senhor sorri? – que o avião voa a oito mil metros de altitude e Marinetti confirma com autoridade explicando:

– Observem como o barulho dos motores favorece e nutre o estômago... É uma espécie de massagem do apetite...

Finalmente se desce novamente da "estratosfera" culinária, e a multidão não encontra nada melhor que se colocar a bater furiosamente sopre os pratos de lata, promovidos assim ao posto de "entoarumores".

– Queremos o carburante nacional.

A cozinha futurista

E o carburante nacional (vulgo vinho das nossas colinas) avança triunfalmente, servido de algumas latas de óleo extradenso. É o vinho em galões. O vinho em... latas; e na expectativa do prato central, os comensais se prestam a mordiscar as asas dos aviões panificados.

Mas também o prato central – ou seja, o *Carnescultura com fuselagem de vitelo* – chega. E é um sucesso indiscutível. O prato, para se dizer a verdade, é futurista somente nas nuances. Trata-se na verdade de um escalope de vitelo, aliada a uma linguiça fina; e o acompanhamento compreende duas cebolinhas e duas castanhas fritas. Mas depois dos experimentos a base de laranja, as duas castanhas junto com uma linguiça não produzem mais nenhuma impressão!

Um pecado que a carne – depois do habitual giro de apresentação em volta das mesas – chegue quase fria. E não adianta que S. Ex.ª Marinetti aumente o seu... gelo, afirmando que a oito mil metros de altitude os alimentos não possam manter-se fervendo...

Pouco depois o chefe do futurismo dirige a própria ofensiva contra o pacífico doutor Magli, representante dos Aqueus, interrogando-o por que ousara cheirar a carne antes de experimentá-la.

– Isto – exclama – é passadista. Isto não é valo...

E Magli num reflexo:

– Justíssimo... Eu deveria tê-la encostado ao ouvido, para ouvir se relinchava. – E uma homérica risada recebeu a piada.

O Aerobanquete prosseguiu assim entre um prato e uma piada, entre uma taça de carburante nacional e um aceno nostálgico, mas em voz baixa, aos tortellini com molho. S. Ex.ª Marinetti, ao contrário, não sente nenhuma saudade. (Seria necessário outro). Ele é entusiasta do simpósio e pede aliás aos cozinheiros que se façam presentes, para aplaudi-los. Mas os solicitados demoram a vir, e Marinetti repete a interpelação. – Venham os cozinheiros. – E então uma voz clara se levanta do fundo da sala, proclamando:

– Não vêm porque têm medo de nós!

F.T. Marinetti e Fillìa

Mas trata-se de evidente calúnia, porque, logo depois, dois *cordons bleus* da Casa do Fascio fazem sua entrada, acolhidos pelos aplausos de Marinetti e seus sequazes. Mas os dois cozinheiros estão incertos. Temem ser satirizados e parece que dizem em seu mudo discurso:

– Meus senhores, perdoem-nos, mas a culpa não é nossa...

Abaixo a "cozinha-museu"

Iniciado pelo antepasto, o banquete encerrou-se com discursos. De fato, levantou-se a falar a medalha de ouro Onida; então o doutor Magli expressou os sentimentos dos "tagliatelistas", enquanto um anônimo enviava um telegrama em que dizia textualmente: "Abaixo o macarrão, tudo bem, mas os tagliatelle são outra coisa!"

Por fim, levantou-se Marinetti para declarar que a sua eloquência estava literalmente tampada pela suculência variada e deliciosa das aeroiguarias degustadas, algumas das quais – acrescentou – são achados importantíssimos, como por exemplo o arroz temperado com laranja. Teceu então elogios à cozinha futurista, de onde o macarrão está definitivamente em retirada.

Os tagliatelle – diz – são agora a última trincheira dos passadistas; a trincheira da massa com ovos. A cozinha futurista é a realização do desejo geral de renovar a nossa alimentação, é a luta contra o peso, a barriga, a obesidade. Nós queremos manter a nossa antiga vitalidade goliardesca, mesmo se os anos nos acenam com suas chuvas e suas neblinas. O nosso esforço tende a militarizar todas as nossas jovens forças. Queremos para tanto que a cozinha italiana não se torne um museu. Afirmamos que a genialidade italiana é capaz de inventar outros três mil pratos, igualmente bons, porém mais adequados à sensibilidade modificada e às necessidades modificadas da geração contemporânea.

Com uma nova explosiva saudação aos colaboradores bolonheses, S. Ex.ª Marinetti concluiu o seu discurso e o Aerobanquete terminou, enquanto os comensais levavam como recordação os pratos de lata, nos quais o chefe dos futuristas foi obrigado a marcar a própria assinatura, com a ponta de um garfo que fazia as vezes de buril".

Anedotas típicas

Além dos milhares de artigos nos quais eram discutidos, exaltados, depreciados, condenados e defendidos os grandes banquetes futuristas de Turim, Novara, Paris, Chiavari e Bolonha, um enorme número de caricaturas e de anedotas circulava em todos os semanários, em todas as revistas ilustradas ou diretamente entre o público. Seria possível formar diversos volumes recolhendo toda a explosão de bizzarria, invenções e humorismos sugeridos pela cozinha futurista e pela sua realização.

São típicas as seguintes anedotas:

1) Em Áquila, um número incalculável de mulheres se reuniu para assinar uma solene carta-súplica a favor do macarrão. Esta carta foi dirigida a Marinetti. As mulheres de Áquila que nunca antes se haviam preocupado, nem mesmo com problemas importantíssimos, julgaram necessária esta sublevação coletiva, tão profunda era nelas a fé no macarrão.

2) Apareceu nos jornais de Gênova o comunicado da fundação de uma Sociedade chamada P.I.P.A. (Propaganda internacional contra o macarrão) que abria vários concursos para combater a iguaria odiada e inventar novos alimentos.

3) Houve em Nápoles passeatas populares a favor do macarrão.

4) Em São Francisco, Califórnia, os clientes de duas *trattorias* italianas, situadas uma no térreo e outra no primeiro andar de uma casa popular, alinhavam-se pró e contra a cozinha futurista, e aconteceu então uma clamorosa batalha pelas janelas e na rua com projéteis comestíveis e panelas. Alguns feridos.

5) Em Turim, os mais célebres cozinheiros organizaram um congresso para decidir o mérito da cozinha futurista, e aconteceram então discussões e polêmicas violentíssimas entre os dois partidos.

6) Em Bolonha, durante um grande jantar estudantil, chegou de improviso F. T. Marinetti que, para o espanto de todos, comeu avidamente um prato de espaguete: somente depois os comensais perceberam que Marinetti não era nada além de um estudante habilmente maquiado.

7) Apareceram em algumas revistas de grande tiragem fotografias de Marinetti no ato de degustar o macarrão: eram montagens fotográficas executadas por *experts* adversários da cozinha futurista, que tentavam assim desacreditar a campanha por uma nova alimentação.

8) Representou-se, em Bolonha, um teatro de revista intitulado "Carnescultura".

9) Representou-se em Turim uma opereta de Sparacino e Dall'argine intitulada "Santopaladar".

No entanto, enquanto alternam-se as polêmicas, um novo sentido de otimismo e de alegria dissipou o nostálgico e cinzento hábito dos velhos jantares e os futuristas, superando as primeiras realizações, preparam outras inovações originais.

4.

OS CARDÁPIOS FUTURISTAS

Sugestivas e determinantes

A cozinha futurista propõe não somente uma revolução completa na alimentação da nossa raça, com o intuito de torná-la leve, espiritualizá-la e dinamizá-la.

A cozinha futurista propõe-se ainda, mediante a arte de harmonizar os pratos futuristas, sugerir e determinar os indispensáveis estados de ânimo que não se poderiam sugerir e determinar de outro modo.

Combinamos programas de refeições a que nós chamamos SUGESTIVAS E DETERMINANTES.

F.T. Marinetti e Fillìa

Cardápio heroico invernal

Os combatentes que devem subir no caminhão às três da tarde, em janeiro, para entrar na linha de fogo às quatro, ou sair em voo para bombardear cidades ou contra-atacar tropas inimigas, procurariam em vão uma preparação perfeita no beijo doloroso de uma mãe, de uma esposa, dos filhos ou em cartas apaixonadas.

Um passeio sonhador é igualmente inadequado. Inadequada a leitura de um livro ameno.

Coloquem, ao contrário, estes combatentes à mesa, onde será servido um "peixe colonial ao rufar de tambor" e "carne crua esquartejada pelo som de trompa".

PEIXE COLONIAL AO RUFAR DE TAMBOR: mugem[4] aferventada, infusa por vinte e quatro horas em um molho de leite, licor, alcaparras e pimenta vermelha. No momento de servi-lo, será aberto e recheado com conserva de damasco intercalada com rodelas de banana e fatias de abacaxi. Será comido sob o rufar continuado de um tambor.

CARNE CRUA ESQUARTEJADA PELO SOM DE TROMPA: cortar um cubo perfeito de carne bovina. Eletrocutá-la com correntes elétricas, mantê-la por vinte e quatro horas em uma infusão de rum, conhaque e vermute branco. Extraída da mistura, servi-la sobre um leito de pimenta vermelha, pimenta preta e neve. Mastigar atentamente por um minuto cada bocado, separando-os uns dos outros com impetuosas notas de trompa sopradas pelo mesmo "comedor".

No momento do *Paraselevantar*, serão servidos aos combatentes pratos de caqui maduro, romãs e laranjas vermelhas. Enquanto estas desaparecem nas bocas, serão espargidos na sala, com borrifadores, suavíssimos perfumes de rosa, jasmim, madressilva e acácia, cuja doçura nostálgica e

---

4 Peixe da família dos mugilídeos. São fusiformes, com grandes escamas arredondadas, douradas ou prateadas; comestíveis.

decadente será brutalmente refutada pelos combatentes, que colocarão como raios a máscara contra gás asfixiante.

No momento de partir, engolirão o *Explosãonagarganta*, duro-líquido constituído por uma bolota de queijo parmesão macerado em Marsala.

Fórmula do aeropoeta futurista
Marinetti

F.T. Marinetti e Fillìa

Cardápio de verão de pintura-escultura

Após um longo período de repouso, um pintor ou um escultor que deseje retomar sua atividade criadora às três horas da tarde de verão, tentaria em vão excitar a própria inspiração em uma refeição suculenta-tradicional.

Empanturrado, deveria passear para digerir e entre inquietudes e pessimismos cerebrais, terminaria por consumir a jornada fanfarronando artisticamente sem criar arte alguma.

Seja-lhe, ao contrário, servida uma refeição de puros elementos gastronômicos: uma sopeira de bom molho de tomate, uma grande polenta amarela, um maço de salada, verde, não temperada e fora do prato, um prato fundo cheio de azeite, um prato fundo cheio de vinagre forte, um prato fundo cheio de mel, um grande maço de rabanetes vermelhos, um maço de rosas brancas com caules relativamente espinhosos.

Acaso, sem talheres, e desobedecendo continuamente aos hábitos enraizados nos nervos, mate a fome enquanto observa o quadro do "Jogador de Futebol" de Umberto Boccioni.

Fórmula do aeropoeta futurista
Marinetti

A cozinha futurista

Cardápio vocabulivre primaveril

O atravessar de um jardim primaveril entre os doces fogos de uma aurora cheia de timidez infantil deu a três jovens, vestidos de lã branca e sem jaqueta, uma ansiedade entre o literário e o erótico que não pode ser apagada por um café da manhã normal.

Ponham a mesa então ao ar livre, sob um caramanchão que deixe passar os dedos quentes do sol.

Não quente, mas morno, sirva-se imediatamente um prato sinótico-singustativo de pimentões, alho, pétalas de rosa, bicarbonato de sódio, bananas descascadas e óleo de fígado de bacalhau, equidistantes.

Comerão tudo? Experimentarão partes? Intuirão as relações fantásticas sem sequer experimentar? À vontade!

Convenientemente comerão, a seguir, um prato de tradicionais *tortellini in brodo*. Isto fará com que o seu paladar alce súbito voo procurando no prato sinóptico-singustativo uma indispensável nova harmonia.

Formarão imediatamente uma relação metafórica inusitada entre os pimentões (símbolo de força campestre) e o óleo de fígado de bacalhau (símbolo de mares nórdicos ferozes e necessidade curativa de pulmões doentes). Provam então mergulhar o pimentão no óleo de fígado de bacalhau. Cada dente do alho será então cuidadosamente envolvido nas pétalas de rosa pelos mesmos dedos dos três convidados que assim se distrairão a combinar poesia e prosa. O bicarbonato de sódio a disposição constituirá o verbo no infinitivo de todos os problemas alimentares e digestivos.

Mas o tédio e a monotonia poderiam nascer depois que os paladares tivessem provado o alho com rosas. Entra então a camponesinha jovem e gorda, levando nos braços uma bacia cheia de morangos nadando no Grignolino bem açucarado. Os jovens a convidarão, com altivas palavras em liberdade fora de qualquer ordem lógica e diretamente expressas pelos nervos, para que sirva o mais rapidamente possível. Diretamente sobre as cabeças a camponesinha servirá. Põem-se eles finalmente a comer,

F.T. Marinetti e Fillìa

lamber, beber, desmacular-se, polemizando à mesa com adjetivos iluminantes, verbos fechados entre dois pontos, rumorismos abstratos, gritos animalescos que seduziriam todos os animais da primavera, ruminantes, roncantes, cochichantes, assobiantes, ralhantes e cantantes em giro.

    Fórmula do aeropoeta futurista
    Marinetti

Cardápio musical de outono

    Em uma cabana de caçadores semiescondida em um bosque verde-azul-perfumado, dois casais se sentam a uma mesa rústica formada por troncos de carvalho.

    O rápido crepúsculo sanguíneo agoniza sob as enormes barrigas das trevas como sob chuvosos e quase líquidos cetáceos.

    Esperando a camponesa-cozinheira, pela mesa ainda vazia passará, único alimento, o assobio que o vento infiltra pela fechadura da porta, à esquerda dos comensais.

    Duelará com aquele assobio o gemido longo mas afinado de um som de violino, arrancado no quarto da esquerda pelo filho convalescente da camponesa.

    Depois, silêncio de um minuto. Depois, dois minutos de grão de bico em azeite e vinagre. Depois, sete alcaparras. Depois, vinte e cinco cerejas ao licor. Depois, doze batatinhas fritas. Depois, um silêncio de quinze minutos durante os quais as bocas continuam a mastigar o vazio. Depois, um gole de vinho Barolo mantido na boca por um minuto. Depois, uma codorna assada para cada um dos convidados, para serem olhadas e cheiradas intensamente, sem comer. Depois, quatro longos apertos de mão na camponesa-cozinheira e todos para fora no escuro vento chuva do bosque.

    Fórmula do aeropoeta futurista
Marinetti

F.T. Marinetti e Fillìa

Cardápio noturno de amor

Terraço de Capri. Agosto. A lua a pico derrama abundante leite talhado sobre a toalha. A morena peituda e bunduda cozinheira caprese entra carregando um enorme presunto sobre uma bandeja e diz aos dois amantes reclinados nas duas espreguiçadeiras e incertos sobre retomarem as fadigas da cama ou iniciarem aquelas da mesa:
– "É um presunto que contém uma centena de carnes diversas de porco. Para adocicá-lo entretanto e liberá-lo da aspereza e da virulência original, deixei-o infuso por uma semana no leite. Leite verdadeiro, não aquele ilusório de lua. Comam abundantemente."
Os dois amantes devoram metade do presunto. Seguem-se as grandes ostras, cada uma com onze gotas de Moscato de Siracusa em sua água marinha.
Depois uma taça de Asti espumante. Depois o *Guerranacama*. A cama, grande e já cheia de lua, fascinada, vem ao seu encontro do fundo do quarto aberto. Entrarão então na cama levantando no pequeno copo o bebericável *Guerranacama* composto de suco de abacaxi, ovos, chocolate, caviar, pasta de amêndoas, uma pitada de pimenta vermelha, uma pitada de noz moscada e um cravo: tudo liquefeito em licor Strega.

Fórmula do aeropoeta futurista
Marinetti

A cozinha futurista

Cardápio turístico

(realizado para a Mostra circulante futurista Paris-Londres-Bruxelas-Berlim-Sofia-Istambul-Atenas-Milão)

Lista dos pratos:
1. *Pré salé aux petits pois, circundado de risoto ao açafrão.*
2. *Roast-beef circundado por lacumias e Hallaua[5].*
3. *Linguiças nadando em cerveja polvilhadas com pistaches cristalizados.*
4. *Suco de morangos para ser bebido com friturinhas ao óleo.*
5. *Poças de mel e poças de vinho dos Castelos romanos alternados em uma planície quadrada de papa de batatas.*
6. *Pêssegos com o coração de vinho doce toscano fechado, que nadem em um mar de conhaque.*
7. *Enguia marinada recheada com minestrone à milanesa gelado e com damascos recheados de anchovas.*

Fórmula do aeropoeta futurista
Marinetti

---

[5] Lacumia é uma espécie de bolinho, de origem grega, servido com mel, e Hallaua é um alimento de origem árabe, a base de gergelim.

F.T. Marinetti e Fillìa

Cardápio oficial

O cardápio oficial futurista evita os graves defeitos que poluem todos os banquetes oficiais:

PRIMEIRO: o silêncio embaraçado que deriva da falta de harmonia preexistente entre os vizinhos da mesa.

SEGUNDO: a reserva dos diálogos, devido à etiqueta diplomática.

TERCEIRO: as caras feias produzidas pelos problemas mundiais insolúveis.

QUARTO: o rancor das fronteiras.

QUINTO: o tom baixo pálido fúnebre banal dos pratos.

Na refeição oficial futurista, que deve se desenvolver em um amplo salão adornado por enormes quadros de Fortunato Depero, após uma distribuição rápida de *polibebidas e entreosdois*, toma a palavra, sem se levantar, o Esganador, convidado não pertencente a nenhum corpo diplomático e a nenhuma política, mas escolhido entre os mais inteligentes e mais jovens parasitas da aristocracia e famoso pelo seu conhecimento total de todas as piadas obscenas.

O Esganador, orientando-se pelo maior ou menor grau de mau humor a combater, dirá subitamente a meia voz três piadas obscenísimas, sem abandonar-se entretanto à inconveniência. Uma vez generalizado de uma ponta à outra da mesa o fogo cruzado das gargalhadas dos comensais, será servida uma gororoba de semolina, tapioca e leite em sopeira de convento para satirizar e espantar toda diplomacia e toda reserva. Seguem:

1) *Os antropófagos inscrevem-se em Genebra*: um prato de várias carnes cruas para serem cortadas à vontade, e temperadas mergulhando seus pedaços nas pequenas tigelas oferecidas com azeite, vinagre, mel, pimenta vermelha, gengibre, açúcar, manteiga, risoto de açafrão, velho Barolo.

2) *A Sociedade das Nações*: salaminhos negros e canudinhos de chocolate nadando em um creme feito com leite, ovos e baunilha.

A cozinha futurista

(Esta iguaria será saboreada enquanto um negrinho de doze anos fará cócegas nas pernas e beliscará as nádegas das senhoras.)

3) *O tratado sólido*: castelo multicolorido de torrones com, dentro, pequeninas bombas de balestite[6] que explodirão ritmadamente perfumando a sala com o típico odor das batalhas.

Ao *Paraselevantar* o diretor da refeição oficial entrará e com muitas desculpas cerimoniosas pedirá para esperar a chegada há muito anunciada, mas sempre atrasada por impedimentos e desastres automobilísticos e por descarrilamentos ferroviários, de uma fruta paradisíaca escolhida no Equador, e do sorvete desgraçadamente tanto arquitetado que caiu pouco antes na cozinha.

Os comentários, as ironias e as brincadeiras, que acolherão as desculpas do diretor, apenas terão seu volume diminuído e eis que ainda na entrada, ele, o Diretor, repetirá suas desculpas. Assim por toda uma meia hora.

Então entrará, ao invés da fruta milagrosa, o bêbedo de sempre pescado nas periferias naquela mesma noite e levado à força para a sala do banquete oficial.

Logicamente pedirá para continuar bebendo. Ser-lhe-á então oferecida uma seleção dos melhores vinhos italianos, qualidade e quantidade, sob uma condição no entanto: que fale por duas horas sobre as possíveis soluções para o problema do desarmamento, da revisão dos tratados e da crise financeira.

Fórmula do aeropoeta futurista
Marinetti

---

6   Balestite é um explosivo, com base de nitroglicerina, descoberto por Alfred Nobel. Usado para dar mais potência aos canhões.

F.T. Marinetti e Fillìa

Cardápio de núpcias

As refeições de núpcias comuns sob a sua aparente e ostentada festividade escondem mil preocupações: se o casamento será feliz ou não, do ponto de vista intelectual, carnal, prolífico, profissional, econômico.

Todos desejam felicidades como se soltam foguetes com o medo na ponta dos dedos e da língua.

A sogra espalha febrilmente cumprimentos, conselhos, olhadas piedosas e olhares de falsa alegria. A virgem já está nos braços dos anjos. O noivo, bem penteado, está em conserva de óleo. Os primos, em conserva de vinagre. As amigas da esposa, todas escovas, pentes e grampos de inveja.

As crianças se enchem de doces e rolam sobre as flores de laranjeira do vestido nupcial.

Ninguém pode comer nem provar as bebidas já que, estando todos no instável, repugna-lhes estabilizar o paladar e o estômago.

Reina então durante a refeição um equilíbrio que responde ao equilíbrio dos estados de ânimo.

Uma sopeira de magnífica sopa conhecida e amada por todos (arroz, fígado e feijão em caldo de codorna) é conduzida no alto sobre três dedos pelo cozinheiro que salta com a perna esquerda. Conseguirá ou não? Talvez entorne e as manchas sobre o vestido nupcial corrigirão oportunamente a insolente e pouco fortunosa brancura excessiva.

Proceda-se à limpeza com a ajuda de todos. O esposo se mantenha calmo: será ele que, ao sair um instante, reentrará com uma bandeja, cheia de risoto à milanesa com açafrão e abundantes trufas de coloração pecado, equilibrada sobre a cabeça. Se este prato, ao cair também, amarelar o vestido nupcial como uma duna africana, será um ganho de tempo como um desvio imprevisto de uma viagem.

Serão servidos então cogumelos refogados, pomposamente elogiados pelo habitual caçador maníaco:

– "Eu mesmo os recolhi todos, entre uma perdiz e uma lebre, nos bosques de Pistoia ensopados de chuva. Há cogumelos de toda espécie, exceto aquela venenosa... A menos que minha miopia tenha me pregado uma bela peça. De qualquer modo estão tão bem cozidos que

lhes aconselho atacá-los audazmente. Eu não hesito, mesmo temendo a presença de alguns absolutamente mortais".
Explode naturalmente uma competição heroica.
– "São tão bons"– diz a esposa.
– "Não tem medo, querida?"
– "Temo-os menos que suas prováveis traições, malvado!"
Então, certamente um pouco cedo, põe-se a gritar segurando a barriga o janota habitual de todas as festas de casamento. Fingirá sofrer ou realmente será torturado por dores de origem misteriosa, distante ou próxima?
Pouco importa. Todos riem. Muitos devoram os cogumelos. O cozinheiro, entrando enfurecido, pede demissão porque foi ofendido mortalmente pelas suspeitas e não pelos cogumelos que são inocentíssssssssimos, verificadíssssssssimos.
Segue um Fernet para todos. Mas, sempre sob a eloquência do caçador, são servidas lebres e perdizes cozidas em vinho com especiarias. Ele mesmo preparou na cozinha esta iguaria formada com a pasta de outras perdizes quase putrefatas e maceradas com os velhos queijos robiola no rum. Comida de caçadores.
Entontecidos pelas palavras, embriagados pelo suavíssimo perfume de cloaca suave, os convidados comem-no abundantemente, regando-o com vinhos Barbera e Barolo.
Recomeça o caçador:
"– Entre todas essas perdizes, a maior, aquela ali, custou-me uma perseguição de dez quilômetros. De uma costa a outra, no mesmo vale, tive que descer até o fundo da torrente e subir novamente. A cada vez reconhecia as mais belas penas avermelhadas. Agora está finalmente parada, isto é, parece viva, move-se ainda talvez."
– "Para a virtude ambulante dos vermes, move-se" – acrescenta o janota.
Frio intenso nos comensais, que substitui o habitual sorvete inadequado; por outro lado, aos estômagos agora tão aquecidos por equilibrismos de felicidade, cogumelos alarmantes e perdizes dinâmicas.

Fórmula do aeropoeta futurista
Marinetti

F.T. Marinetti e Fillìa

Cardápio econômico

1) *O agreste absoluto:* maçãs assadas ao forno, depois recheadas de feijões cozidos em um mar de leite.

2) *Abominação campestre:* berinjelas cozidas em tomate, depois recheadas com anchovas e servidas sobre um leito, metade formado por pesto de espinafre e metade por patê de lentilhas.

3) *Pimentão urbanístico:* grandes pimentões vermelhos que conterão, cada um, uma pasta de maçãs cozidas envoltas em folhas de alface caramelizadas.

4) *Bosque inundado ao pôr-do-sol:* endívias cozidas ao vinho, salpicadas por feijão cozido e caramelizado.

Este menu deve ser degustado enquanto um hábil recitador faz explodir a lírica humorística do Poeta-Record Nacional Farfa, imitando sua típica voz de míope cano de escapamento.

Fórmula do aeropoeta futurista
Marinetti

Cardápio de solteiro

A cozinha futurista propõe-se a evitar os defeitos que distinguem as refeições dos solteiros:

1) A solidão antihumana que fatalmente absorve uma parte das forças vitais do estômago.
2) O silêncio carregado de pensamentos meditativos que contamina e enchumba os pratos.
3) A falta de carne humana viva e presente que é indispensável para manter o paladar do homem confinado na zona das carnes animais.
4) A inevitável aceleração do ritmo das mandíbulas que fogem do tédio.

Em uma sala, decorada com aeropinturas e aeroesculturas dos futuristas Tato, Benedetta, Dottori e Mino Rosso, sobre uma mesa cujas quatro pernas serão constituídas por acordeões, são apresentados, em ressoantes pratos ornados de sininhos, os pratos-retratos:

1) *Prato-retrato louro*: um belo pedaço de vitela assada esculpido com duas grandes pupilas de alho em um ninho de repolho triturado e fervido e alface verde. Brincos pendurados de rabanetinhos vermelhos untados em mel.

2) *Prato-retrato do amigo moreno*: bochechas bem modeladas de massa podre – bigodes e cabelos de chocolate – grandes córneas de leite e mel – pupilas de alcaçuz. Uma romã aberta na boca. Bem engravatado com tripa ao molho.

3) *Prato-retrato da bela desnuda*: em uma pequena bacia de cristal, cheia de leite apenas ordenhado, duas coxas de frango cozidas, tudo coberto por pétalas de violeta.

4) *Porta-retrato dos inimigos*: sete cubos de torrone de Cremona, cada um com uma poça de vinagre por cima e sobre um dos lados pendurado um grande sino.

Fórmula do aeropoeta futurista
Marinetti

F.T. Marinetti e Fillìa

Cardápio extremista

Para esta refeição em que não comerão, mas serão saciados apenas de perfumes, estejam os convidados em jejum há dois dias. Será servido em uma casa de campo construída especialmente por Prampolini (a partir da concepção de Marinetti), em uma língua de terra que divida o mais lacustre dos lagos, calmo preguiçoso solitário putrefato, do mais amplo e marino dos mares.

As portas-janela, que se abrem eletricamente mediante botões postos sob os dedos dos convidados dão: a primeira para a massa dos odores do lago, a segunda para a massa dos odores de um paiol e respectivo reservatório de frutas, a terceira para a massa dos odores do mar e respectiva peixaria, a quarta sobre a estufa quente e respectiva ciranda de plantas odoríferas raras deslizante sobre trilhos.

Noite de Agosto. Máxima intensidade dos perfumes da paisagem circundante, mantidas fora das janelas escancaradas como as comportas de um canal.

Os onze convidados (cinco mulheres, cinco homens e um neutro) têm um pequeno ventilador de mão cada, com o qual capturar à vontade o odor espargido do canto munido de um potente aspirador. Antes da refeição os convidados declamam "Elogio ao outono" do poeta futurista Settimelli e "Entrevista com um Caproni" do poeta futurista Mario Carli.

No comprimento de uma mesa em forma de paralelepípedo afloram, deslizando automovelmente, desaparecendo e reaparecendo:

1) um complexo-esculptural munido de vaporizador com a forma e o odor de um castelo de risoto à milanesa golpeado por um mar de espinafre encristado de creme;

2) um complexo-escultura munido de vaporizador com a forma e o odor de um navio de beringelas fritas cobertas de baunilha, acácia e pimenta vermelha;

A cozinha futurista

3) um complexo-escultura munido de vaporizador com a forma e o odor de um lago de chocolate que circunda uma ilhota de pimentões recheados com geleia de tâmaras;

Os três complexos-escultura vaporizantes param de um só golpe com a irrupção na sala de três ajudantes de cozinha vestidos de seda branca e alto chapéu branco luminoso, que gritam:

– "vocês são os chefes, mas também imbecis. Vocês se decidem ou não se decidem a comer os pratos refinadíssimos preparados por nós, grandes artistas? Parem de enrolar ou pegamos todos vocês a chutes".

O neutro treme como um sismógrafo esperançoso.

Fora.

Um ensurdecedor toque de sinos de cinco minutos.

Uma pausa de silêncio concedida à invasiva policonversação e quacrelogia das rãs lacustres que acompanharão a abertura lenta da porta-janela pressionada pelos odores de ervas podres, de velhos juncos queimados, veios de amoníaco e uma lembrança de ácido fênico. Todos os convidados apontam os ventiladores de mão como escudos contra a porta-janela lacustre.

Abre-se então a porta-janela do reservatório de frutas e quatro odores (o primeiro de maçãs, o segundo de abacaxi, o terceiro de uva e o quarto de alfarroba) precipitam-se na sala tornada inodora. Escapa um relincho do convidado neutro, mas subitamente irrompe da outra porta-janela o mar com cem chispares e enguiamentos de odores salinos; com visões de imensos golfos espumosos e tranquilos cais verdes frescos ao amanhecer.

Gane o convidado neutro:

–"Pelo menos doze ostras e dois dedos de Marsala".

Mas a frase é cancelada junto com o mar e respectiva peixaria prateada por prepotentes perfumes de rosa de tal modo curvilíneas e carnudas que as onze bocas, deixadas até agora pensativas ou atônitas, põem-se a mastigar febrilmente o vazio.

F.T. Marinetti e Fillìa

O neutro choraminga:
– "Por caridade, cozinheiros belos, tragam-nos qualquer coisa para mastigar, ou então veremos as feias bocas dos machões fincarem os dentes nas carnes insípidas das nossas cinco amigas".

Curto assombro. Confusão. Os cozinheiros espiam pela porta e desaparecem. Os ventiladores de mão cancelam tudo. Entra um perfume agro-suave-pútrido-delicadíssimo de lírios civilizados que, saindo da estufa, encontra-se com o perfume idêntico, mas selvagem, vindo do lago. Os dois perfumes de vida carne luxúria morte sintetizam e então satisfazem todos os onze paladares famintos.

Fórmula do aeropoeta futurista
Marinetti

Cardápio dinâmico

No romance "L'Alcova d'Acciao" F. T. Marinetti descreve sua ansiedade de fugir do inevitável empantanamento da sensibilidade durante a refeição:

"Na noite de primeiro de junho de 1918 na barraca dos bombardeiros desafiadoramente plantada obliquamente sobre uma cresta montanhosa do Vale do Ástico, comia-se e bebia-se alegremente. Os longos garfos vermelhos do pôr do sol entrelaçavam-se com os nossos, enrolando os espaguetes sanguíneos e fumegantes. Uns vinte oficiais, tenentes, capitães, coronel Squilloni alegre e posudo na cabeceira da mesa. Fome de bombardeiros depois de uma jornada de trabalho duro. Silêncio religioso de bocas que mastigam orações suculentas. Cabeças inclinadas sobre os pratos. Mas os mais jovens não amam as pausas e querem rir, agir. Sabem da minha fantasia fecunda em piadas e excitam-me com olhares. Há muito silêncio à mesa, e o bom doutor está absorvido gravemente demais no ritual do macarrão. Com quatro bocados aplaco meu estômago; depois me levanto e brandindo uma garfada de espaguete, digo em alta voz:

– Para não empantanar a nossa sensibilidade, deslocamento de dois lugares à direita, marche!

Depois levantando como posso pratos, copos, pão, faca, empurro brutalmente o meu companheiro da direita, que cede de má vontade, levanta tudo ele também e empurra à direita. Os jovens, prontos, executam o exercício, mas o doutor bufa, reclama, grita. Levantam-no como a um peso. O prato de macarrão entorna sobre a farda. Despencar de copos. Inundação de vinho. Risos, gritos, alvoroço. Todos empurram o doutor, espremem-no como uva. Espirram os seus gritos.

Dominando o tumulto, eu comando:

– Deslocamento cumprido! Todos sentados! Mas problemas, problemas a quem ainda deixa empantanar a própria sensibilidade!... E você, caro doutor, não se esqueça de que a mais alta e preciosa virtude é a elasticidade. Como poderia, sem elasticidade, curar um gânglio, um calo, uma sífilis, uma otite, ou a fraqueza de certos superiores? Com elasticidade abandonamos o Carso após Caporetto, rimos enquanto o coração chorava na retirada. Como poderíamos, sem elasticidade, esmagar o passadismo austro-húngaro, renovar integralmente a Itália depois da vitória? Imponho-lhe, caro doutro, interromper com elasticidade futurista a sua barrigada passadista!

Todos riem. O doutor me olha assustado. Ameaçando-o burlescamente, imponho:

– Para não empantanar a nossa sensibilidade, pratos e copos nas mãos! Giro total da mesa em cortejo!

O reboliço se torna infernal. Gritos, sacudidas, "Basta!", "Acabem com isso!", socos, tombos, "caramba!". Turbilhão, rufares e *becchegiro*[7]. Mas os jovens são tenazes e com força imprimem à multidão uma volta tumultuosa em torno da mesa. Agrada muito ao coronel o jogo bizarro. Somente o doutor não se diverte. Onde está o doutor? Onde está? Todos o procuram. Fugiu para o terraço com o seu prato de macarrão. Fora, fora, atacar! E termina-se a refeição confusamente, debandados, com grande farfalhar de risadas na risada fulva do crepúsculo, todos nuvens de cristal incandescente, garrafas espumantes de ouro, cirros de porcelana violeta amassados, luminoso banquete aéreo suspenso a pico na planície vêneta crepuscular.

Os meus amigos cantam ao redor do doutor o hino da burla futurista:

Iró iró iró pic pic
Iró iró iró pac pac
Maa – gaa – laa
Maa – gaa – laa
RANRAN ZAAAF
Matavam assim as nostalgias."

***

Dinamicamente então propomos os seguintes pratos:

---

[7] O substantivo refere-se provavelmente a um movimento ou um som semelhante ao feito por um barco em alta velocidade, ao bater na água.

A cozinha futurista

1) *Passos de corrida*: composto de arroz, rum e pimenta vermelha.

2) *Em quarta*: duzentos fios de algodão doce enrolados num novelo, embrulhados em fatias de abacaxi e regados com Asti espumante.

3) *Colisão de automóveis*: semiesfera de anchovas prensadas ligada a uma semiesfera de pasta de tâmaras, tudo enrolado em uma finíssima fatia de presunto macerada em Marsala.

4) *Perdendo uma roda*: quatro tordos assados com muito gengibre e sálvia, um sem a cabeça, envoltos e embolotados em uma fatia de polenta borrifada com água de colônia italiana.

5) *Bombas de mão*: esfera de torrone de Cremona envolta em uma grande bisteca malpassada, coberta de vinho moscato de Siracusa.

Os convidados vestidos esportivamente, as mangas arregaçadas, serão mantidos fora da porta de uma sala de ginástica onde pelo chão e em pequenas pirâmides serão dispostas as comidas anunciadas.

Ao escancarar da porta, todos se precipitarão furiosamente de assalto, bocas abertas e mãos ameaçadoras. Comerão melhor aqueles que conseguirem manter à distância os adversários com chutes, com bocas mastigantes e mãos agarrantes. O habilíssimo entretanto será aquele que conseguir, inspirando-se no grande quadro "O jogador de futebol" de Umberto Boccioni, conquistar uma vintena de bolas comestíveis e, superando janelas e terraços, fugir para o campo. Sequência de bocas dentes mãos. Com um final de batalha gastronômica, de bocas abertas, os lutadores não ensacam os golpes: engolem-nos.

Fórmula do aeropoeta futurista
Marinetti
e do aeropintor futurista
Fillìa

F.T. Marinetti e Fillìa

Cardápio arquitetônico Sant'Elia

Em honra do Poeta-Record nacional de 1931, Farfa (vencedor do circuito de poesia "Sant'Elia"), arquitetonicamente, isto é, com uma sensibilidade espacial que coloca o glorificado a seiscentos quilômetros dos glorificantes, ligados todavia por fio eletrônico, os poetas futuristas Escodamè, Samzin, Gerbino, Vittorio Orazi, Krimer, Maino, Pandolfo, Giacomo Giardina, Civello, Bellonzi, Burrasca, Rognoni, Vasari e Soggetti; os pintores Dormal, Voltolina e Degiorgio do grupo paduano e os pintores Alf Gaudenzi e Verzetti do grupo futurista e vanguardista "Síntese", reunidos na Direção do Movimento Futurista em Roma, subiram e comeram alternativamente, com mãos de criança, um sobre o outro em forma de torre, arranha-céus, baterias de encouraçados, rampas de aeroportos, belvederes, estádios esportivos, cais de portos militares, pistas sobrelevadas:

Trezentos cubos (três cm de altura) de massa podre. Oito paralelepípedos (dez cm de altura) de espinafre na manteiga, prensado. Dez cilindros (trinta cm de altura) de torrone de Cremona. Seis esferas (quinze cm de diâmetro) de risoto à milanesa. Cinco pirâmides (quarenta cm de altura) de minestrone frio. Vinte tubos (um metro de altura) de pasta de tâmaras. Cinco blocos ovais (vinte cm de altura) de pasta de bananas. Sete telas (sessenta cm de altura) de bacalhau ao leite.

Os futuristas, para melhor construir a casa futurista, aperfeiçoamna com os dentes, sentados cada um sobre tambores (quinze x sessenta x 100 e trezentos cm cada) não comestíveis de macarrão comprimido.

Fórmula do aeropoeta futurista
Marinetti
e do aeropintor futurista
Fillìa

A cozinha futurista

Cardápio aeropictórico na fuselagem

Na ampla fuselagem de um grande Autoestável DeBernardi, entre as aeropinturas dos futuristas Marasco, Tato, Benedetta, Oriani e Munari, que se ligam aos aerocumes e às nuvens do horizonte navegado a mil metros, os comensais liberam do casco intactas cinco lagostas e cozinham-nas eletricamente na água do mar. Recheiam-nas com uma pasta de gema de ovo, cenoura, timo, alho, casca de limão, ovas e fígado de lagosta, alcaparras. Besuntam-nas com curry em pó e devolvem-nas às suas cascas tingidas aqui e ali por azul de metileno.

Bizarramente depois as cinco lagostas serão dispostas em desordem e distanciadas sobre uma grande aerocerâmica Tullio d'Albisola acolchoada por vinte qualidades diferentes de salada: estas geometricamente dispostas em quadrados.

Os comensais, empunhando pequenos sinos de cerâmica cheios de Barolo misturados a Asti espumante, comerão assim vilarejos, chácaras e planícies raptadas em velocidade.

Fórmula do aeropoeta futurista
Marinetti
e do aeropintor futurista
Fillìa

F.T. Marinetti e Fillìa

Cardápio aeroescultural na fuselagem

Na grande fuselagem de um Trimotor, entre as aeroesculturas de metais aplicados dos futuristas Mino Rosso e Thayaht, os comensais prepararão uma massa de fécula de batata, cebolinhas, ovos, polpa de camarões, pedaços de solha, tomate e polpa de lagosta, pão de ló e biscoitos triturados, açúcar semolado e perfumado de baunilha, frutas cristalizadas e queijo gruyère, regada abundantemente com vinho Santo toscano.

Encherão onze formas (untadas e enfarinhadas) cada uma de um formato típico de montanha, despenhadeiro, promontório ou ilhota. Todos serão cozidos eletricamente.

Os onze doces, depois de liberados das formas, serão servidos sobre uma grande bandeja no centro da fuselagem, enquanto os comensais brincarão e devorarão massas de claras em neve como faz o vento lá fora com os cimos e os cúmulos brancos.

Fórmula do aeropoeta futurista
Marinetti
e do aeropintor futurista
Fillìa

A cozinha futurista

Cardápio aeropoético futurista

Na fuselagem de um Trimotor voando a três mil metros em um céu bipartido: dengoso luar de meia lua madreperolado e esverdeado e semiesfera de meias nuvens fulguradas de longos escorpiões de ouro.

Abaixo a pico um rio de solidíssima prata derrete o estuário das suas enguias frenéticas em um mar de piche adornado por níquel lunar.

A janelinha da direita: tilintar de vidro madeira tintilhões e sininhos. Na boca responde-lhe rusticamente o sabor de uma bolota de mel. Os olhos fogem à direita, através da outra janelinha, a sugar a geleia de anis branco que filtra uma nuvem. À frente dos comensais, em número de três, o altímetro redondo denuncia: três mil metros comidos. Perto dele o conta-giros, seu companheiro de refeição, denuncia: vinte mil giros devorados. Do outro lado do altímetro, o velocímetro denuncia: duzentos quilômetros digeridos.

O estômago do comensal humano central corrige com muitos ácidos vulgares a indigerível potência excitatória do licor de lua abstrato poético suicida. A boca do comensal humano da direita suga um tubo de neon amarelo vermelho dourado de verão África eterna.

Voar. Leveza. Mastigar o infinito. A pico sobre si mesmo. Obliquidade da força artística. Amor quente macio muito distante. Presença das mãos vazias. Ronco crítico dos intestinos. Um pouco mais de mel das abelhas inspiradoras de poetas gregos na boca do aeropoeta futurista.

Fórmula do aeropoeta futurista
Marinetti
e do aeropintor futurista
Fillìa

F.T. Marinetti e Fillìa

Cardápio tátil

O dono da casa terá o cuidado de preparar, com a colaboração dos pintores futuristas Depero, Balla, Prampolini e Diulgheroff, tantos pijamas quantos serão os convidados: cada pijama será feito ou recoberto de materiais táteis diferentes como esponjas, cortiças, lixas, feltros, lâminas de alumínio, escovas, palhas de aço, cartões, sedas, veludos, etc.

Cada convidado, alguns minutos antes da refeição, deverá vestir separadamente um dos pijamas. Depois, todos serão introduzidos em uma grande sala escura, sem móveis: sem ver, rapidamente, cada convidado deverá escolher o próprio companheiro de mesa segundo sua inspiração tátil.

Escolhas feitas, todos serão levados ao salão de banquete provido de muitas pequenas mesas para duas pessoas: estupor do próprio companheiro indicado pela sensibilidade refinadíssima dos dedos sobre as matérias táteis.

Será servida a seguinte lista de iguarias:

1) *Salada polirítmica*: às mesas aproximam-se os garçons portando para cada convidado uma caixa munida de manivela do lado esquerdo e que tem no lado direito, enfiado pela metade, um prato fundo de porcelana. No prato: folhas de alface sem tempero, tâmaras e uvas. Cada um dos comensais usará a mão direita para levar à boca, sem ajuda de talheres, o conteúdo do prato, enquanto com a mão esquerda girará a manivela. A caixa liberará assim ritmos musicais: então todos os garçons, em frente às mesas, iniciarão uma lenta dança de grandes gestos geométricos, até o esgotamento da iguaria.

2) *Vianda mágica*: servir-se-ão tigelas não muito grandes, recobertas externamente por materiais têxteis rugosos. Será preciso segurar a tigela com a mão esquerda e agarrar com a direita as esferas misteriosas contidas no interior. Serão todas esferas de açúcar queimado, mas cada uma recheada de elementos diversos (como frutas cristalizadas ou fa-

tias finas de carne crua ou alho ou pasta de bananas ou chocolate ou pimenta), de tal modo que os convidados não possam intuir qual sabor será introduzido na boca.

3) *Hortotátil*: serão postos à frente dos convidados grandes pratos contendo uma numerosa variedade de verduras/legumes crus e cozidos, sem sal. Poder-se-á experimentar a gosto estas verduras/legumes, mas sem a ajuda das mãos, mergulhando o rosto no prato e inspirando assim o próprio gosto no contato direto dos sabores sobre a pele das bochechas e sobre os lábios. Todas as vezes que os convidados se afastarem dos pratos para mastigar, os garçons esborrifarão em seus rostos perfumes de lavanda e água de colônia.

Entre um prato e outro, já que o menu é todo baseado em prazeres táteis, os convidados deverão ininterruptamente nutrir seus dedos no pijama do vizinho de mesa.

Fórmula do aeropintor futurista
Fillìa

F.T. Marinetti e Fillìa

Cardápio síntese da Itália

A Itália sempre foi, no passado, um apetitoso alimento para os estrangeiros. Hoje podemos degustá-lo, mas não nos foi possível, querendo provar à mesa o sabor e o perfume de todas as suas hortas, os seus pastos e seus jardins, fazer-nos servir de uma só vez os tantos pratos regionais.

Proponho portanto este menu-síntese-da-Itália:

Uma quadrada sala de teto azul, cujas paredes são formadas por enormes pinturas futuristas sobre vidro representando: uma paisagem alpina Depero – uma paisagem de planície com lagos e ao fundo colinas Dottori – uma paisagem vulcânica Balla – uma paisagem de mar meridional animado por ilhotas Prampolini. Os convidados, antes de comer, tingem-se as mãos com azul de metileno.

No início da refeição a primeira parede é iluminada por trás e ressaltam assim os perfis geométricos das montanhas brancas e morenas, e os pinheiros verdes. Na sala é regulada uma temperatura de frescura primaveril.

Serve-se o primeiro prato *Sonho alpestre*: pequenas formas ovais de gelo envolvidas por massa de castanhas e apresentada sobre grossos discos de maçã salpicadas com nozes molhadas no vinho Freisa.

Apaga-se a primeira parede e acende-se a segunda: brilham as esmeraldas dos campos e os vermelhos das fazendas que se perdem entre as terras redondas das colinas e os azuis metálicos dos lagos. Aumenta-se a temperatura da sala.

Agreste civilizado: bolo de arroz branco cozido sobre o qual imprimem-se largas e tenras folhas de rosa, carne de rã desossada e cerejas muito maduras. Enquanto os convivas comem, os garçons fazem passar rapidamente sob os seus narizes um quente perfume de gerânio.

Apaga-se a segunda parede e acende-se a terceira: dinamismo atmosférico do Vesúvio incandescente. Na sala, o clima é de verão.

A cozinha futurista

"Impressão do Sul": uma grande erva-doce na qual são incrustados rabanetes e azeitonas sem caroço. É levado à mesa envolto em finas fatias de cordeiro assado e imerso em vinho de Capri.

Apaga-se a terceira parede e acende-se a última: esplendor das ilhotas luminosas na espuma fervente do mar. Temperatura tórrida na sala.

"Instinto colonial": um colossal robalo recheado de tâmaras, bananas, gomos de laranja, caranguejos, ostras e alfarroba, apresentado navegando em um litro de marsala. Um violento perfume de cravos, giesta e acácia é esborrifado no ar.

Terminada a refeição acendem-se juntas as quatro paredes e são servidos sorvetes misturados a abacaxi, pêras cruas e cassis.

Fórmula do aeropintor futurista
Fillìa

F.T. Marinetti e Fillìa

Cardápio geográfico

1. Uma sala de restaurante decorado com alumínio e tubos cromados. As janelas redondas permitem vislumbrar misteriosas distâncias de paisagens coloniais.
    2. Os comensais, sentados em torno de uma mesa de metal com o plano horizontal em linóleo, consultam grandes atlas, enquanto gramofones invisíveis rodam barulhentos discos negros.
    3. Quando inicia-se a refeição, entra na sala, seguida à distância pelos garçons, a garçonete-lista-de-pratos: formosa moça jovem inteiramente revestida por uma túnica branca na qual é desenhado a cores um completo mapa geográfico africano que lhe envolve todo o corpo.
    4. Devem-se escolher os pratos não segundo a sua composição, mas indicando no mapa a cidade ou as regiões que seduzem a fantasia turística e aventureira dos comensais.
    5. Exemplo: se um comensal aponta um dedo para o seio esquerdo da garçonete-lista-de-pratos onde está escrito CAIRO, um dos garçons silenciosamente se afastará e retornará em seguida trazendo o prato correspondente àquela cidade. Neste caso: *Amor sobre o Nilo*, pirâmide de tâmaras sem caroço imersa em vinho de palma. Em volta da pirâmide maior, cubos de laticínios de canela recheados com grãos de café torrados e pistaches.
    6. Se um outro comensal aponta com o dedo, sobre o joelho esquerdo da garçonete-lista-de-pratos, o nome ZANZIBAR, o garçom lhe servirá a *Vianda Abibi*: meio coco, recheado com chocolate e disposto sobre um fundo de carne crua finamente moída e regada com rum da Jamaica.
    7. Assim continuamente, variando para cada refeição os mapas geográficos e as garçonetes-lista-de-pratos e não permitindo conhecer antecipadamente os pratos. Dominará portanto uma orientação alimentar inspirada pelos continentes, pelas regiões e pelas cidades.

    Fórmula do aeropintor futurista
    Fillìa

A cozinha futurista

Cardápio de fim de ano

O hábito já matou a alegria das grandes ceias de fim de ano: há muitos anos os mesmos elementos concorrem para uma alegria já muitas vezes apreciada. Cada um conhece com antecedência a engrenagem precisa dos acontecimentos.

Lembranças de família, augúrios e retornam sempre iguais. É preciso destruir os hábitos para sair da monotonia.

Existem mil maneiras para renovar este banquete: eis um deles, por nós realizado com os futurissimultaneístas de Roma: Mattia, Belli, D'Avila, Pandolfo, Battistella, Vignazia, etc.

À meia-noite, após a infinita conversação de espera, anuncia-se que a refeição está pronta. Na sala as mesas foram eliminadas e os convidados sentaram-se em cadeiras dispostas em fila indiana, uma atrás da outra.

Serve-se o infalível peru que os garçons distribuem em pratos de metal: o peru é recheado de tangerinas e de salame.

Todos comem sob um silêncio imposto: o desejo de barulho e alegria é reprimido.

Subitamente, libera-se na sala um peru vivo que se debate assustado entre a surpresa dos homens e os gritos das mulheres que não entendem esta ressurreição da comida ingerida. A ordem é restabelecida e cada um volta a conter a alegria desencadeada por um momento.

Vencido pelo silêncio, para tentar estabelecer uma conversação qualquer, um dos presentes diz:

–"Ainda não expressei meus desejos para o ano novo."

Todos então, como por uma palavra de ordem, levantam-se e lançam-se contra o incauto conservador de tradições, que é repetidamente esbofeteado. A alegria finalmente, exasperada pelo torpor muito longo, explode e os convidados se debandam pela casa enquanto os mais audazes invadem a cozinha.

F.T. Marinetti e Fillìa

Cardápio improvisado

Estes cardápios improvisados são aconselhados com o objetivo de atingir um máximo de originalidade, variedade, surpresa, imprevisto e alegria.

A cada cozinheiro pede-se a formação de uma mentalidade que:

– deve compreender que a forma e a cor são tão importantes quanto o sabor.

– deve chegar a conceber para cada prato uma arquitetura original, possivelmente diferente para cada indivíduo de modo tal que TODAS AS PESSOAS TENHAM A SENSAÇÃO DE COMER, além de uma boa comida, TAMBÉM OBRAS DE ARTE.

– deve, antes de preparar a refeição, estudar o caráter e a sensibilidade de cada um, levando em conta, na distribuição dos pratos, a idade, o sexo, a constituição física e os fatores psicológicos.

– deve possivelmente chegar às refeições em movimento, por meio de tapetes-móveis que deslizam à frente das pessoas, portando todo tipo de alimento: simplificar-se-á assim a preparação individual porque cada um será levado a conquistar o prato preferido para si. E a escolha será duplamente apreciada porque desenvolverá, de certo modo, o espírito humano da aventura e do heroísmo.

Para os cardápios improvisados pode-se naturalmente discutir entre cozinheiros, garçons e Diretores sobre a atribuição das diferentes iguarias, mas nunca se deve levar em conta o gosto pessoal dos comensais.

Fórmula do aeropintor futurista
Fillìa

A cozinha futurista

Cardápio declaração de amor

Um tímido enamorado deseja exprimir a uma moça bela e inteligente os seus sentimentos. Com este propósito lhe fará servir, no terraço de um grande Hotel, na noite da cidade, a seguinte refeição-declaração-de-amor:

Tedesejo: antepasto composto de elementos diversos, de escolha refinadíssima, que o garçom fará somente admirar, enquanto Ela se contentará com pãezinhos e manteiga.

Carnadorada: um grande prato feito com um brilhante espelho. No centro, filés de frango perfumados com âmbar e recobertos por uma fina camada de geleia de cerejas. Ela, enquanto come, admirará sua imagem refletida no prato.

Teamareiassim: pequenos tubos de massa podre recheados de sabores diferentíssimos, isto é, um de ameixa, um de maçãs cozidas no rum, um de batatas embebidas em conhaque, um de arroz doce, etc. Ela, sem piscar, comerá todos.

Superpaixão: um bolo de massa doce compacta. Na superfície são feitos pequenos furos, enchidos com anis, licor de menta, rum, gim e bitter.

Estanoiteláemcasa: uma laranja muito madura fechada em um pimentão maior esvaziado e enfiado em um grande zabaione ao gim, salgado por pedacinhos de ostras e gotas de água do mar.

Fórmula do aeropintor futurista
Fillìa

F.T. Marinetti e Fillìa

Cardápio desejo branco

Dez negros reúnem-se à mesa em uma cidade marítima, segurando um lírio na mão, invadidos por um estado de ânimo indefinido que os faz desejar a conquista dos países europeus, com uma mistura de tendências espirituais e de vontades eróticas.

Toda a sala está imersa em uma penumbra misteriosa e as lâmpadas invisíveis permitem somente uma luminosidade suficiente para ver a mesa coberta por uma camada de vidro escuro brilhante.

Uma cozinheira negra, sem falar, serve-lhes vinte ovos frescos que foram furados dos dois lados para injetar em seu interior um tênue perfume de acácias: os negros aspiram o conteúdo dos ovos, sem quebrar a casca.

Então é trazida uma grande sopeira com leite frio no qual foram imersos pequenos cubos de mozarela e uvas moscatel.

O estado de ânimo dos negros é quase inconscientemente sugestionado por todos os pratos brancos ou cândidos.

A cozinheira negra retorna ainda com uma bandeja cheia de pedaços de polpa de coco escrustrados de torrone, fechados sob uma camada de manteiga e dispostos sobre um leito de arroz cozido e chantilly. Ao mesmo tempo, bebe-se anis puro, *grappa* ou gim.

A sensibilidade dos negros se sacia no sabor-cor-odor branco dos pratos, enquanto do teto desce lentamente em direção à mesa um globo incandescente de vidro leitoso e por toda a sala se expande um perfume de jasmim.

Fórmula do aeropintor futurista
Fillìa

A cozinha futurista

Cardápio astronômico

A mesa é constituída por uma lâmina de cristal apoiada sobre reluzentes barras de alumínio. A sala de jantar é toda escura. De baixo para cima, sob a mesa, e dos dois lados em direção ao centro, através da própria lâmina de cristal, fontes luminosas graduáveis iluminarão de cem modos diferentes o plano de cristal, variando intensidade e cor dependendo dos pratos.

Todo o serviço é de cristal.

Amanhecerá assim em taças de cristal um creme tornado fluorescente mediante uma mínima quantidade de "fluoresceína"[8].

Dará meio-dia em carne crua salgada, mosaico de pistaches e pimenta vermelha, regados com limão e perfumados ternamente com baunilha.

Entardecerá um prato feito de fatias muito finas de salmão defumado, beterrabas e laranjas.

Depois, na noite da sala, uma esfera cosmográfica de *spumone* (50 cm de diâmetro), único corpo iluminado, mover-se-á lentissimamente sobre o cristal que se tronou abstrato.

Uma bomba em forma de telescópio lançará parábolas de espumante Asti.

Fórmula do futurista
Dr. Sirocofran

---

8 Substância cristalina, pulverulenta, alaranjada, com fortíssima fluorescência verde-amarelada em solução.

5.
Receitário futurista
para restaurantes e aquisibebe

A dosagem sumária de muitas destas fórmulas não deve preocupar mas sim excitar a fantasia inventiva dos cozinheiros futuristas cujos eventuais erros poderão frequentemente sugerir novas invenções

Decisão
(polibebida do aeropoeta futurista Marinetti)
¼ de vinho quinado
¼ de rum
¼ de Barolo fervente
¼ de suco de Tangerina

Inventina
(polibebida do aeropoeta futurista Marinetti)
1/3 de Asti espumante
1/3 de licor de Abacaxi
1/3 de suco de Laranja gelado

Vianda simultânea
(fórmula do aeropoeta futurista Marinetti)
Uma gelatina de frango, metade incrustada por quadrados de carne crua de jovem camelo, temperada com alho e defumada, e metade incrustada por esferas de carne de coelho muito cozidas ao vinho.
Para ser comida, regando cada bocado de camelo com um gole de água do Serino e cada bocado de coelho com um gole de Scirá (vinho turco, feito com o Mosto, sem álcool).

A cozinha futurista

Mesa vocabulivre marina
(fórmula do aeropoeta futurista Marinetti)
Sobre um mar de salada crespinha, aqui e ali salpicada de fragmentos de ricota, navega meio melão com, a bordo, um camandantezinho esculpido em queijo holandês que dirige uma frouxa tripulação esboçada em miolos de vitelo cozidos no leite. A poucos centímetros da proa, um obstáculo de Panforte de Siena. Pulverizar o navio e o mar com canela ou pimenta vermelha.

Entredois
(fórmula do aeropintor futurista Fillìa)
Duas fatias retangulares de pão: uma untada de pasta de anchovas, a outra com pasta de casca de maçãs trituradas. Entre as duas fatias de pão: salame cozido.

Todoarroz
(fórmula do aeropintor futurista Fillìa)
Arroz branco cozido assim disposto: uma parte no centro do prato em forma de semiesfera – uma outra parte em volta da semiesfera, em forma de coroa. No momento de servir à mesa, derramar sobre a semiesfera um molho de vinho branco quente encorpado com fécula e sobre a coroa um molho de cerveja quente, gemas de ovos e queijo parmesão.

Mar da Itália
(fórmula do aeropintor futurista Fillìa)
Sobre um prato retangular dispõe-se uma base formada por listas geométricas de molho de tomates frescos e de espinafres, de modo a criar uma precisa decoração verde e vermelha. Sobre este mar verde e vermelho colocam-se complexos formados por pequenos filés de peixe fervido, fatias de banana, uma cereja e um fragmento de figo

seco. Cada um desses complexos é mantido unido por um palito de dentes que sustenta verticalmente os diversos elementos.

Carnescultura
(fórmula do aeropintor futurista Fillìa)
O *carnescultura* (interpretação sintética das hortas, dos jardins e dos prados da Itália) é composto por uma grande almôndega cilíndrica (A) de carne de vitela assada recheada por onze qualidades diferentes de legumes e verduras cozidos. Este cilindro disposto verticalmente no

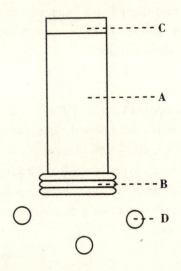

centro do prato é coroado por uma camada de mel (C) e sustentado na base por uma anel de linguiça (B), que se apoia sobre três esferas douradas (D) de carne de frango.

A cozinha futurista

Aerovianda
(fórmula do aeropintor futurista Fillìa)
Serve-se à direita de quem come um prato com azeitonas pretas, corações de erva-doce e tangerinas. Serve-se à esquerda de quem come um retângulo formado de lixa, seda e veludo. Os alimentos devem ser levados diretamente à boca com a mão direita, enquanto a mão esquerda alisa leve e repetidamente o retângulo tátil. Enquanto isso, os garçons borrifam nas nucas dos comensais um comperfume de cravo enquanto vem da cozinha um violento comrumor de motor de aeroplano contemporaneamente a uma desmúsica de Bach.

| Lixa |
| Seda vermelha |
| Veludo preto |

Diabo em túnica negra
(polibebida do aeropintor futurista Fillìa)

²/₄ de suco de laranja
¼ de *grappa*
¼ de chocolate líqüido
Mergulhar a gema de um ovo cozido.

Alfabeto alimentar
(fórmula do aeropintor futurista Fillìa)
Todas as letras do alfabeto são recortadas (com grande espessura, de modo que permaneçam em pé) em mortadela de Bolonha, em queijo, em massa podre e em açúcar queimado. Servem-se duas por pessoa, de acordo com as iniciais dos seus nomes que determinarão assim a combinação dos diversos alimentos.

Promontório siciliano
(fórmula do aeropintor futurista Fillìa)
Atum maçãs azeitonas e amendoins japoneses são triturados juntos. A pasta que deriva é espalhada sobre uma omelete fria de ovos e geleia.

Trutas imortais
(fórmula do aeropintor futurista Fillìa)
Rechear as trutas com nozes trituradas e fritá-las em azeite. Envolver as trutas em finíssimas fatias de fígado de vitelo.

À caça no paraíso
(fórmula do aeropintor futurista Fillìa)
Cozer lentamente uma lebre em vinho espumante onde se dilui chocolate em pó, até a sua consumação. Então deixá-la mergulhada por um minuto em muito suco de limão. Servi-la em abundante molho verde, a base de espinafre e zimbro, salpicada de confeitos prateados que lembram as balas dos caçadores.

Porcoexcitado
(fórmula do aeropintor futurista Fillìa)
Um salame cru, privado da pele, é servido em pé em um prato contendo café expresso quentíssimo misturado com muita água de colônia.

A cozinha futurista

Docelástico
(fórmula do aeropintor futurista Fillìa)
Recheia-se uma esfera de massa podre com zabaione vermelho no qual é imersa um pedaço (três cm) de alcaçuz em fita.

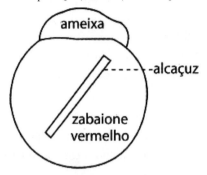

Fechar a parte superior da esfera com meia ameixa seca.

As grandes águas
(polibebida do aeropintor futurista Prampolini)
¼ de *grappa*
¼ de gim
¼ de cominho
¼ de anis
Sobre o líquido flutua um bloco de pasta de anchovas envolta cirurgicamente em uma hóstia.

Carrossel de álcool
(polibebida do aeropintor futurista Prampolini)
¾ de vinho Barbera
¼ de cidra
¼ de bitter Campari
No líquido são imersos, enfiados em um palito de dentes, um quadrado de queijo e um quadrado de chocolate.

F.T. Marinetti e Fillìa

Prefácio gustativo
(fórmula do aeropintor futurista Prampolini)
Um cilindro de manteiga que sustenta no alto uma azeitona verde.
Na base do cilindro: salame, uva-passa, pinolis e confeitos.

Equador + Polo Norte
(fórmula do aeropintor futurista Prampolini)
Um mar equatorial de gemas de ovos em suas cascas, com pimenta sal limão. No centro emerge um cone de claras batidas em neve e solidificadas, cheio de gomos de laranja como suculentas seções de sol. O topo do cone será bombardeado de pedaços de trufas negras cortadas em forma de aeroplanos negros à conquista do zênite.

Discos saborosos
(fórmula do aeropintor futurista Prampolini)
Bolo de frutas variadas que se apoia sobre um disco de chocolate. O bolo é coberto por duas camadas de creme que o dividem ao meio: a primeira feita de molho de tomates e a segunda de espinafre.

Paradoxo primaveril
(fórmula do aeropintor futurista Prampolini)
Um grande cilindro de sorvete de creme que traz no alto, como a vegetação de palmeiras, bananas sem casca. Entre as bananas são escondidos ovos cozidos sem a gema, cheios de geleia de ameixa.

Arroz de Herodias
(fórmula do futurista Dr. Sirocofran)
Para fundir a máxima pureza virginal com a máxima luxúria de perfume, exaltando-os e honrando assim o nome glorioso de Mallarmé, que cantou a virgem Heródias em uma verde paisagem palustre coberta de sensualíssimos lírios turquesa, peguem arroz e

façam cozinhar em muito leite convenientemente salgado. Escorram-no e temperem-no com finíssimo pó de rizoma de lírio.

Perfumes prisioneiros
(fórmula do futurista Dr. Sirocofran)
Dentro de finas bexigas coloridíssimas coloca-se uma gota de perfume. Elas são enchidas e levemente esquentadas de modo a vaporizar o perfume e tornar turvo o invólucro. São levadas à mesa junto com o café, em pequenos pratos quentes, procurando que os perfumes sejam variados. Aproxima-se das bexigas o cigarro aceso e aspira-se o perfume que dali brota.

Tâmaras ao luar
(fórmula do futurista Dr. Sirocofran)
trinta e cinco - quarenta tâmaras muito maduras e doces, quinhentos gramas de ricota romana. Privam-se as tâmaras do caroço e amassam-nas bem (melhor ainda se são passadas na peneira). A polpa assim obtida é incorporada à ricota até obter uma massa bem homogênea. Servir frio, após ter mantido o prato no refrigerador por algumas horas.

Antepasto fulgurante
(fórmula do poeta futurista Luciano Folgore)

   Pensa que se dormes não mereces
      fazer um antepasto incomparável;
      quem dorme, sabe-se bem, não pega peixes
      enquanto em nosso caso é indispensável
      estar de tal modo desperto, aliás sutil,
      para prender até peixe em barril
      a fim de obter (pagando preços salgados)
      dois arenques ao leite e não defumados.

F.T. Marinetti e Fillìa

  Obtendo-os, limpe-os com carinho,
   depois tire o leite que colocarás
   a esperar os eventos em um pratinho,
   logo os arenques a banho meterás
   quatro ou cinco horas sob água pura
   e quando houverem perdido a salgadura
   estenda-os na tábua que os deleita
   com um pouco de cebola e um ovo cozido
   depois com o oscilar da lamineta
   triture tudo finamente e faça de modo
   que a pasta seja macia e perfeita
   e por fim como condimento
   regue com azeite e vinagre a seu contento.
 Feito isso pegue o leite novamente
   (o leite dos arenques, entende-se)
   para desfazê-lo no óleo ao qual une-se
   algumas gotas de vinagre e finalmente
   estenda aquele leite tenro e picante
   sobre os arenques que triturastes já
   e o antepasto fino e excitante
   todo apetite humano despertará.
 Conta-se que um rei da Patagônia
   por um tal prato renunciou ao seu reino
   esta história é certamente uma embroma
   mas a bondade do prato que te ensino
   é tão real e alegra o apetite
   que parece que Dante na *Vita Nuova*
   tenha escrito para ela, após o *Convite*
   "Entendê-la não pode quem não a prova".

A cozinha futurista

Risoto futurista ao alquequenje
(fórmula do aeropoeta futurista Paolo Bruzzi)
Preparar triturado um quilo de alquequenje separado de sua sutil membrana; recolha-se, à parte, com cuidado o suco produzido.
Fazer – à parte – um abundante molho de salsinha com alho e cebola em pequena dose.
Colocar azeite abundante em uma caçarola.
Quando estiver bem quente, tirá-la do fogo e jogar o triturado de alquequenjes (conservando o suco à parte) e o pesto de salsinha.
Voltar ao fogo: e apenas tudo esteja dourado (que a cebola não se toste) acrescentar arroz suficiente para seis pessoas, mexendo sempre até ficar cor de ouro. Então, acrescentar, a colheradas, caldo convenientemente salgado e ao qual será agregado o suco dos alquequenjes.
Após vinte minutos de cozimento, tire tudo do fogo *amanteigando* bem o risoto e acrescente queijo em abundância.
Este risoto é futurista porque o alquequenje é uma fruta quase *fora de série*: certo, muito mais que o açafrão, a qual – de resto – na natureza quase não é mais encontrado.
É *sintético* porque os oito grãos contidos no bulbo ácido são como as "Marinettianas" oito almas em uma bomba; porque o alquequenje é dotado de asas de bom tecido como o aeroplano, asas que se jogam fora: e assim parecem um paraquedas; e é velocissimamente digerível como tudo o que pertence à usina (queria dizer *cozinha*) futurista.

Laranjinhas de arroz
(fórmula do vocabulivre futurista Arm. Mazza)
Preparem um bom risoto de açafrão ou de tomate, tendo o cuidado de tirá-lo do fogo não al dente, mas mais cozido, e deixe-o esfriar. (Não deve ser al dente para que os grãos de arroz possam aderir uns aos outros). Façam muitas bolotas do tamanho médio de uma laranja, molhando as mãos em água ou, melhor, em azeite, e façam em cada uma delas um furo com o polegar, alargando-o sem

romper as paredes, e recheiem-nas com carne à bolonhesa moída grossa e úmida de seu molho. Acrescente cubos de queijo (fontina ou mussarela, ou caciocavallo, ou provolone fresco), salame ou presunto cru em cubinhos, pinolis e uva-passa. Cubram com mais risoto e arredonde-os novamente. Assim prontas, passem as laranjinhas em farinha branca, depois em ovo batido e enfim em farinha de rosca. Fritem-nas em abundante azeite até que fiquem loiro-douradas e sirvam-nas quentes, crocantes.

Comumanuvem
(fórmula do aeropoeta futurista Giulio Onesti)
Uma grande massa de chantili dardejada por suco de laranja, menta, geleia de morango e regada delicadamente por Asti espumante.

Frango de aço
(fórmula do aeropintor futurista Diulgheroff)
Assa-se um frango completamente esvaziado. Quando esfriar, faz-se uma abertura em seu dorso e completa-se o interior com zabaione vermelho sobre o qual são dispostos duzentos gramas de confeitos esféricos prateados. Em toda a volta da abertura do dorso levantam-se cristas de galo.

Palavras em liberdade
(fórmula do aeropoeta futurista Escodamè)
Três mariscos, uma meia lua de melancia, um buquê de salada *radicchio*, um pequeno cubo de parmesão, uma pequena esfera de gorgonzola, oito bolinhas de caviar, dois figos, cinco biscoitinhos de amêndoa: todos dispostos ordenadamente sobre um grande leito de mussarela, para ser comido, olhos fechados, atacando aqui e ali com as mãos, enquanto o grande pintor e vocabulivre Depero declamará a sua célebre "Jacopson".

Golfo de Trieste
(fórmula do aeropoeta futurista Bruno Sanzin)
Cozinhar um quilo de vôngole sem casca em um molho de cebola e alho acrescentando lentamente o arroz. Apresentar este risoto com um acompanhamento de creme de baunilha sem açúcar.

Vitelo embriagado
(fórmula do aeropoeta futurista Bruno Sanzin)
Rechear a carne crua de vitelo com maças descascadas, nozes, pinolis, cravos. Cozinhar no forno. Servir frio em banho de Asti espumante ou de *passito*[9] de Lipari.

Sorvete simultâneo
(fórmula do poeta vocabulivre futurista Giuseppe Steiner)
Creme de leite e quadradinhos de cebola crua gelados juntos.

Ultraviril
(Fórmula do crítico de arte futurista P. A. Saladin)
Sobre um prato retangular dispõem-se fatias finas de língua de vitelo fervida e cortada de comprido. Sobre estas sobrepõem-se duas fileiras de patas de caranguejo assadas no espeto, de modo que resultem paralelas e em senso longitudinal ao eixo do prato. Entre estas duas fileiras coloca-se o corpo de uma lagosta previamente descascada e desossada, coberta de zabaione verde. Na parte posterior da lagosta dispõem-se três ovos cozidos cortados longitudinalmente e de modo que a gema se apoie sobre as fatias de língua. A parte anterior é coroada com seis cristas de galo como divisores, enquanto completam a guarnição do prato duas fileiras de pequenos cilindros compostos por uma rodela de limão, uma de grãos e uma fatia fina de trufa coberta por ovas de lagosta.

---

9 Vinho licoroso feito com uva passa.

F.T. Marinetti e Fillìa

Saltoemcarne
(Polibebida do crítico de arte futurista P. A. Saladin)
3 grãos de café
1 parte de licor feito com as seguintes plantas: coca, cola, damiana, muira puama, ioimbe, ginseng, equinácea
1 parte de licor de chá
1 parte de kirch

Maismenosparaseparado
(Polibebida do crítico de arte futurista P. A. Saladin)
1 castanha confeitada
1 parte de licor de rosas
1 parte de licor de abacaxi
1 parte de licor de timo ou tomilho

Amor alpestre
(Polibebida do crítico de arte futurista P. A. Saladin)
¼ de licor de melissa
¼ de gemas de abeto
¼ de bananas
¼ de aspérula perfumada

Desanuviante
(Polibebida do crítico de arte futurista P. A. Saladin)
1/3 de licor de artemísia
1/3 de licor de ruibarbo
1/3 de *grappa*

Centelha
(Polibebida do crítico de arte futurista P. A. Saladin)
¼ de licor de cascas verdes de amêndoas
¼ de licor de genciana

¼ de licor de absinto
¼ de licor de genebra

Homemulhermeianoite
(Fórmula do crítico de arte futurista P. A. Saladin)
Sobre um prato redondo serve-se zabaione vermelho de modo a formar uma grande mancha.

No meio desta dispõe-se um belo disco de cebola furado e atravessado por um galho de angélica confeitado. Dispõem-se depois, como indicado no desenho, duas castanhas confeitadas e serve-se um prato para cada casal.

Parasocar
(Fórmula do crítico de arte futurista P. A. Saladin)
Cobre-se o fundo de um prato redondo com fondente levemente perfumado com *grappa*. Sobre um raio do prato dispõem-se, equidistantemente entre eles e em forma de cone, três meios pimentões vermelhos assados e recheados com uma massa de legumes composta de pontas de aspargos, corações de aipo e de erva-doce, cebolinha, alcaparras, alcachofras, azeitonas. Do lado oposto dispõem-se três talos de alho-porró fervidos. Um arabesco

de trufas raladas que parte do segundo pimentão e termina naquele da parte externa completa o prato.

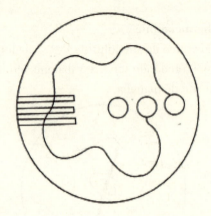

Hortocubo
(fórmula do crítico de arte futurista P. A. Saladin)
1. cubinhos de aipo de verona fritos e cobertos de páprica;
2. cubinhos de cenoura fritos e cobertos de rábano ralado;
3. ervilhas fervidas;
4. cebolinha de Ivrea em conserva cobertas de salsinha picada;
5. barrinhas de queijo *fontina*.
N.B. Os cubinhos não devem ultrapassar um cm³.

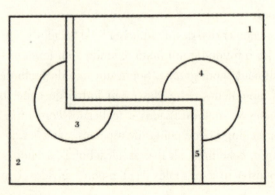

A cozinha futurista

Branco e preto
(fórmula do futurista Farfa Poeta-Record nacional)
Mostra individual sobre as paredes internas do Estômago de arabescos à vontade, de chantilly pulverizado com carvão de tília. Contra a indigestão mais negra. Pró-dentadura mais branca.

Terra de Pozzuoli e verde veronês
(fórmula do futurista Farfa Poeta-Record nacional)
Cidras confeitadas, recheadas de sépia frita e picada. Mastigá-los bem como se fossem críticos antifuturistas.

Cenouras + calças = professor
(fórmula do futurista Farfa Poeta-Record nacional)
Uma cenoura crua em pé, com a parte fina para baixo, onde serão aplicadas com um palito de dentes duas berinjelas fervidas, na função de calças roxas marchadoras. À cenoura, deixar as folhas verdes na ponta, representando a esperança da aposentadoria. Mandibular tudo sem cerimônias.

Cravos no espeto
(fórmula do futurista Farfa Poeta-Record nacional)
Longos finos cilindros de massa folhada. Dispor em fila sobre cada um quatro cravos: branco, rosa, vermelho, púrpura, assados em licor frio ou no Roob Coccola di Zara. Ao comê-los pensar no fenecido estilo floral.

Morangomama
(fórmula do futurista Farfa Poeta-Record nacional)
Um prato rosa com duas mamas femininas eretas feitas de ricota rosada ao Campari e bicos de morango confeitado. Outros morangos frescos sobre a cobertura de ricota para morder em uma ideal multiplicação de mamas imaginárias.

Cafémaná
(fórmula do futurista Farfa Poeta-Record nacional)
Café de cevada torrada, adoçado com maná. Servi-lo quentíssimo para que os comensais o esfriem assoprando em cada um as piadas mais congelantes.

Senado da digestão
(fórmula do futurista Farfa Poeta-Record nacional)
Quatro comensais pedirão cada um duas conhecidas comidas ou bebidas digestivas. Ou então oito comensais, uma cada. Os outros convidados votarão secretamente contra uma ou outra. Resultará vencedora aquela que obtiver menos votos contra.

Aeroplano libanês
(fórmula do piloto-aviador, poeta e aeropintor futurista Fedele Azari)
Castanhas confeitadas imersas por dois minutos em água de colônia e depois por três minutos no leite, então servidas sobre uma papa (modelada em forma de delgado aeroplano) de bananas, maçãs, tâmaras e ervilhas.

Reticulados do céu
(fórmula do aeroescultor futurista Mino Rosso)
A base é um disco de bala de cereja.
O cilindro grande: três folhas de massa folhada recheadas com polpa de tamarindo e cobertas por fondente de chocolate.
O cilindro pequeno: coroas de merengue sobrepostas cobertas com fondente de tangerina.
O centro do cilindro superior contém chantili com polpa de tamarindo e pistaches descascados.

A cozinha futurista

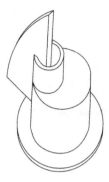

A asa é bala de tangerina.
Pouco antes de ser apresentado à mesa o doce deverá ser coberto com fios de açúcar verde.

Antepasto intuitivo
(fórmula Senhora Colombo-Fillìa)
Esvazia-se uma laranja em forma de cestinha na qual se dispõem qualidades diferentes de salame, manteiga, cogumelos em conserva, anchovas e pimentas verdes. A cestinha perfuma de laranja os diversos elementos.
Dentro das pimentas escondem-se bilhetinhos com frases de propaganda futurista ou frases surpresa (por exemplo: "O futurismo é um movimento anti-histórico"– "Viva perigosamente"– "Médicos, farmacêuticos e coveiros, com a cozinha futurista ficarão desempregados", etc.)

Leite à luz verde
(fórmula da senhorita Germana Colombo)
Em uma grande tigela de leite frio mergulha-se algumas colherinhas de mel, muitos grãos de uva preta e alguns rabanetes vermelhos. Comer enquanto uma desluz verde ilumina a tigela. Beber

juntamente uma polibebida feita com água mineral, cerveja e suco de amoras.

Faisão futurista
(fórmula do aeropoeta Dr. Pino Masnata)
Assar um faisão bem esvaziado, depois deixá-lo uma hora em banho-maria no moscato de Siracusa. Depois uma hora no leite. Recheá-lo com mostarda de Cremona e frutas cristalizadas.

Aeroporto picante
(fórmula do aeropintor futurista Caviglioni)
Uma camada de salada russa com maionese coberta de verde. Em volta medalhões variados compostos de pãezinhos recheados de laranja, clara de ovo e frutas mistas. Com manteiga tingida de vermelho e anchovas ou sardinhas formar no campo verde perfis de aeroplanos.

Estrondos ascensionais (arroz com laranja)
(fórmula do aeropintor futurista Caviglioni)
Risoto em branco com molho luminoso: o molho é composto de ossos de vitelo cozido em marsala e um pouco de rum, casca de laranja cortada em tirinhas finas, fervidas com gotas de vinagre. Acrescentar suco de laranja. Perfumar com "molho nacional", que se encontra no comércio.

Fuselagem de vitelo
(fórmula do aeropintor futurista Caviglioni)
Fatias de vitelo encostadas na fuselagem montanha composta por castanhas cozidas, cebolinhas e linguiças. Tudo coberto de pó de chocolate.

A cozinha futurista

Aparições cósmicas
(fórmula do aeropintor futurista Caviglioni)
Ervas-doces, beterrabas, brócolis, cenouras amarelas sobre um pastel de espinafre. Acrescentar cabelos de anjo de açúcar.
Os legumes são cozidos cortados em formato de estrela, lua, etc e servidos na manteiga.

Aterrissagem digestiva
(fórmula do aeropintor futurista Caviglioni)
Com papa de castanhas cozidas em água com açúcar e favas de baunilha formar montanhas e planícies.
Por cima, com sorvete de creme de cor azul, formar camadas de atmosfera sulcadas por aeroplanos de massa podre inclinados em direção ao chão.

Mamas italianas ao sol
(fórmula da aeropintora futurista Marisa Mori)
Formam-se duas meias esferas cheias de pasta confeitada de amêndoas. No centro de cada uma apoia-se um morango fresco. Então se derramam na bandeja zabaione e zonas de chantili
Pode-se cobrir tudo com pimenta-do-reino forte e guarnecer com pimentas vermelhas.

Algaespuma tirrena (com guarnições de coral)
(fórmula de aeroceramista futurista Tullio d'Albisola, Poeta-Record de Turim)
Prende-se um maço de algas marinhas de recentíssima pesca de rede, advertindo que a pesca não tenha ocorrido nas vizinhanças de fossas ou desaguadouros porque a referida alga assimila facilmente os maus cheiros, lava-se e enxágua-se em abundante água corrente. Quando limpa, esfregar no suco de limão. Pulveriza-se a folha com açúcar e espuma-se com uma onda de chantili.

A guarnição de corais será obtida com um monte de cachos de pimentas vermelhas picantes, gomos de ouriços do mar pescados sob lua cheia, e uma constelação de grãos de romã madura.

O todo, arquitetado e arabescado com arte, será servido à mesa apenas pronto, fresco, sobre um prato redondo plano, com molho ondeado e coberto por uma folha de celofane azul.

Bomba à Marinetti
(fórmula do cozinheiro futurista Alicata)
Revestir uma forma de bomba com gelatina de laranja decorando a parte da cúpula com pequenos morangos. Decorar os lados com angélica cândida em forma de coroa e a parte posterior com castanhas confeitadas. Cobrir a decoração com uma camada de gelatina, deixando-a endurecer.

Revestir o vazio com biscoito tipo inglês dando forma quadrada, preenchendo o vazio com uma *bavaroise* de baunilha. Congelar, desenformar e servir com uma guarnição de meios damascos com gelatina, gomos de laranja e limões confeitados.

Acordaestômago
(fórmula do aeropintor futurista Ciuffo)
Uma fatia de abacaxi sobre a qual dispõe-se um raio de sardinhas. O centro do abacaxi é coberto por uma camada de atum sobre a qual se apoia uma meia noz.

Doceforte
(fórmula da Senhora Barosi)
Entre os dois formado por duas fatias de pão com manteiga, com mostarda espalhada em seu interior, que comprime bananas e anchovas.

A cozinha futurista

Fogonaboca
(fórmula do futurista Engenheiro Barosi)
No fundo do copo: uísque com marasquino previamente imersas em pimenta Caiena.
Sobre: leite com mel ou mel (um cm de espessura) como divisor impermeável.
Sobre o mel: alquermes, vermute e licor Strega

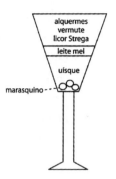

Um ritual
(fórmula do futurista Engenheiro Barosi)
Um pequeno cilindro oco de gelo coberto externamente de mel. Em seu interior e no fundo: sorvete de creme, depois amendoins de Chivasso, pedaços de abacaxi, tudo regado de vermute e licor de menta.

Avanvera
(fórmula do futurista Engenheiro Barosi)
Sobre um pratinho de alumínio, equidistantes: um montinho de amêndoas torradas, fatias de banana, anchovas, café torrado, fatias de tomate, fatias de queijo parmesão. No centro do pratinho, um copo contendo: vermute, conhaque, licor Strega. Dentro: fatias de banana.

O regenerador
(fórmula do futurista Engenheiro Barosi)
Uma gema de ovo.
Meio copo de Asti espumante.
Três nozes torradas.
Três colherinhas de açúcar.
Tudo batido por dez minutos. Apresentado em um copo dentro do qual se dispõe uma banana descascada e visível.

F.T. Marinetti e Fillìa

O lictório[10]
(fórmula do futurista Engenheiro Barosi)
Diferentes caules de cardo ou salsão do comprimento de dez cm, cozidos previamente em água, dispostos retos de modo a formar um cilindro vazio. Fixados: embaixo por uma semiesfera de risoto branco e em cima por um meio limão. O interior do cilindro recheado com carne moída, óleo sal pimenta. Sobre a semiesfera de arroz, distribuídas como estrelas: um pepino, um pedaço de banana, um pedaço de beterraba.

Simultânea
(polibebida do futurista Dr. Vernazza)
$4/8$ de vinho Vernaccia
$3/8$ de vermute
$1/8$ de aguardente
Tâmara pouco madura recheada de mascarpone empastado com licor Aurum (Pescara). A tâmara assim confeitada é envolta em finas fatias de presunto cru e depois em folhas de alface. Tudo enfiado em um palito sobre o qual se enfiará também uma pequena pimenta vermelha em conserva recheada de queijo parmesão em pedacinhos.
(Introduzir-se-á o palito no copo, aparecerão no líquido os olhos de gordura depositadas pelo presunto: neste caso a polibebida poderá ser intitulada "aquele porco que pisca os olhos").

Risoto Trinacria
(fórmula do futurista Dr. Vernazza)
Arroz cozido normalmente. Molho preparado com a fritura de pouca cebola e manteiga, ao qual se acrescentará: pedacinhos de barriga de atum em conserva e tomate em mínima quantidade.

---
10 Talvez o *fascio lictório*, emblema fascista tomado da antiga Roma.

A cozinha futurista

Temperado o risoto, acrescentar e misturar algumas azeitonas verdes e guarnecer com gomos bem limpos de tangerina.

Chuleta-tênis
(fórmula do futurista Dr. Vernazza)
Bife de vitelo cozido na manteiga e cortado em forma de encordoamento de raquete: na hora de servir, cobrir com uma fina camada de massa (feita de mascarpone amassado com nozes trituradas), sobre a qual são traçadas algumas linhas com molho de tomate misturado com rum. Para formar o cabo da raquete, uma anchova coberta por uma tirinha de banana.

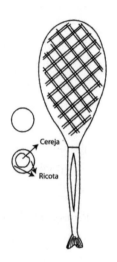

Depois bolinhas esféricas perfeitas com cereja em conserva (sem o cabinho) envoltas com massa de ricota, ovos, queijo e noz moscada. Cozimento rápido para manter o forte da bebida.

Bocado "squadrista"[11]
(fórmula do futurista Dr. Vernazza)
Filé de peixe entre dois grossos discos de maçã: tudo coberto de rum e flambado no momento de servir.

Aerovianda atlântica
(fórmula do futurista Dr. Vernazza)
Pasta de legumes (lentilhas, ervilhas, espinafres, etc) de cor verde clara. Por cima dispor (um por comensal) aeroplanos formados por: folhadinhos de formato triangular (asas) – cenoura cortada de

---

11 militante da causa fascista

comprido (fuselagem) – cristas de galo cozidas em manteiga (leme) – tangerinas cortadas em discos e colocadas em pé (hélice).

Esquiador comestível
(fórmula do futurista Dr. Vernazza)
Zabaione duro gelado em um prato fundo. Por cima: uma camada de chantili. Entre o zabaione e o chantili, fatias de laranja embebidas em marasquino Zara.
Sobre a superfície branca dispor longas fatias de banana e no centro meia tâmara recheada de licor Aurum amassado com amêndoas doces e amargas trituradas. Dos dois lados desta composição que lembra esqui: discos de fruta cristalizada dentro do qual está enfiado um grissini doce.

Rosas diabólicas
(fórmula do futurista Pascà d'Angelo)
Dois ovos
Cem gramas de farinha
Suco de meio limão
Uma colher de azeite
Misture bem os ingredientes citados e forme assim uma massa não muito densa; jogue lá dentro rosas vermelhas aveludadas despetaladas, depois de ter cortado o caule na altura do cálice, e frite-as em azeite fervente como se usa para fazer alcachofras à la judia. Sirva-os à mesa quentíssimos.
(Indicadíssimos para recém-casados, comam à meia-noite em janeiro, especialmente se vêm cobertas do doce futurista Mafarka. – Veja a fórmula seguinte.)

A cozinha futurista

Doce Mafarka
(fórmula do futurista Pascà d'Angelo)
Cinquenta gramas de café
Açúcar a vontade
Cem gramas de arroz
Dois ovos
Casca de limão fresco
Cinquenta gramas de água de flor de laranjeira
½ litro de leite
Cozinhem no leite o café e adocem a gosto, depois coloquem o arroz e cozinhem-no muito seco e *al dente*. Tirem-no do fogo e, quando estiver frio, ralem dentro a casca do limão e espalhem, misturando bem, a água de flor de laranjeira; despejem-no assim em uma forma, e levem ao gelo. Quando estiver bem deaço sirvam-no com biscoitos finos.
Bom apetite, e viva o aço!

Bombardeamento de Adrianópolis
(fórmula do futurista Pascà d'Angelo)
Dois ovos
Cem gramas de azeitonas
Cinquenta gramas de alcaparras
Cem gramas de mozarela de búfala
Seis anchovas
Vinte e cinco gramas de manteiga
Cem gramas de arroz
½ litro de leite
Coloquem para cozinhar bem *al dente* o arroz no leite, e aproximadamente na metade do cozimento acrescentar a manteiga e sal suficiente. Depois que o arroz for tirado do fogo misturem imediatamente um ovo, incorporando-o bem. Quando o prepa-

rado estiver bem frio, dividam-no em dez partes, e em cada uma destas incorporarão uma fatia de mussarela, meia anchova, três ou quatro alcaparras, duas ou três azeitonas sem o caroço, e uma pitada abundante de pimenta do reino. A cada parte, assim preparada, darão a forma de uma esfera; banhem-na no outro ovo que já foi batido, e depois passem em farinha de rosca e fritem.

Pulo de áscaro[12]
(fórmula do futurista Giachino, proprietário do Santopaladar)
Cozer uma coxa de carneiro com louro, pimenta, alecrim e alho. Cozida a coxa, escorrê-la, e acrescentar à carne tâmaras recheadas com pistaches salgados, vinho branco seco e suco de limão.

Aplacafome
(fórmula do futurista Giachino, proprietário do Santopaladar)
Sobre uma larga fatia de presunto colocar salame cru, pepinos, azeitonas, atum, cogumelos em conserva, alcachofrinhas. Unir as duas extremidades do presunto e mantê-las fechadas com filés de anchova, fatias de abacaxi e manteiga.

Sopa zoológica
(fórmula do futurista Giachino, proprietário do Santopaladar)
Massa em forma de animais composta de farinha de arroz e ovos, recheada com geleia e servida em um brodo de rosas quentes realçado por gotas de água de colônia italiana.

Compenetração
(fórmula do futurista Giachino, proprietário do Santopaladar)
Sobre um creme de ervilhas dispor um filé de vitelo cozido em manteiga. Verter sobre o filé molho de tomate e acrescentar um anel de maçã, uma fatia de presunto e uma fruta cristalizada.

---

12 Pejorativo, soldado da colônia italiana em Eritréia.

A cozinha futurista

Arroz verde
(fórmula do futurista Giachino, proprietário do Santopaladar)
Sobre um fundo de espinfre servir arroz branco fervido e temperado com manteiga e recoberto por um denso creme de ervilhas e pistaches em pó.

Ovos divorciados
(fórmula do futurista Giachino, proprietário do Santopaladar)
Dividir na metade ovos cozidos extraindo intactas as gemas. Dispor as gemas sobre uma pasta de batatas e as claras sobre uma pasta de cenouras.

Nabo-carteira
(fórmula do futurista Giachino, proprietário do Santopaladar)
Pequenos nabos novos fervidos por dez minutos com louro, cebolas e alecrim. Cortá-los depois como carteiras e recheá-los com anchovas banhadas em ovo e rum. Passar os nabos recheados em gema de ovo e no pão ralado e cozê-los ao forno.

Boca de fogo
(fórmula do futurista Giachino, proprietário do Santopaladar)
Misturar à medula de ossobucos dourados em manteiga farinha de rosca, nozes e uma baga de zimbro. Voltar ao fogo com meio copo de suco de ameixa, deixando cozinhar até secar. Depois acrescentam-se seis ameixas sem caroço recheadas com amêndoas. Tornar novamente ao fogo com um cálice de vinho branco seco e suco de limão.

Rosabranca
(fórmula do futurista Giachino, proprietário do Santopaladar)
Doses diferentes de laranjada, licor Campari e anis com essência de Rosas Brancas.

F.T. Marinetti e Fillìa

Bananas surpresa
(fórmula do futurista Piccinelli, cozinheiro do Santopaladar)
Fazer um furo em todo o comprimento de uma banana descascada e enchê-lo com carne de frango moída.
Levar ao fogo em uma caçarola com manteiga e acrescentar um pouco de caldo de carne.
Servir com legumes.

6.
PEQUENO DICIONÁRIO
da arte cozinhária futurista

Castanhas confeitadas:
substitui *marrons glacê*

Comperfume:
termo que indica a afinidade olfativa de um dado perfume com o sabor de uma determinada vianda. Exemplo: o comperfume da massa de batatas e a rosa.

Comtátil:
termo que indica a afinidade tátil de uma dada matéria com o sabor de uma dada vianda. Exemplo: o comtátil da pasta de bananas e o veludo ou a carne feminina.

Comrumor:
termo que indica a afinidade rumorística de um dado rumor com o sabor de uma dada vianda. Exemplo: o comrumor do arroz ao molho de laranja e o motor de motocicleta ou o "despertar da cidade" do rumorista Luigi Russolo.

Conmúsica:
termo que indica a afinidade acústica de uma dada música com o sabor de uma dada vianda. Exemplo: a conmúsica do carnescultura e o balé "HOP-FROG" do maestro futurista Franco Casavola.

Comluz:
termo que indica a afinidade óptica de uma dada luz com o sabor de uma dada vianda. Exemplo: a comluz do "porcoexcitado" e um relampejar vermelho.

F.T. Marinetti e Fillìa

Consumado:
substitui CONSOMMÉ.

Decisão:
nome genérico de polibebidas quentes-tônicas que servem para tomar, após breve mas profunda meditação, uma importante decisão.

Desperfume:
termo que indica a complementaridade de um dado perfume com o sabor de uma dada vianda. Exemplo: o desperfume da carne crua e o jasmim.

Destátil:
termo que indica a complementaridade de uma dada matéria com o sabor de uma dada vianda. Exemplo: o destátil do *Equador + Pólo Norte* e a esponja.

Desrumor:
termo que indica a complementaridade de um dado rumor com o sabor de uma dada vianda. Exemplo: o desrumor do *Mar da Itália* e o chiado do óleo fritando, dos refrigerantes e da espuma do mar.

Desmúsica:
termo que indica a complementaridade de uma dada música com o sabor de uma dada vianda. Exemplo: a desmúsica das tâmaras com anchovas e a Nona Sinfonia de Beethoven.

Desluz:
termo que indica a complementaridade de uma dada luz com o sabor de uma dada vianda. Exemplo: a desluz de um sorvete de chocolate e uma luz laranja quentíssima.

Fondentes:
substitui FONDANTS.

Fumatório:
substitui FUMOIR.

Guerranacama:
polibebida fecundadora.

Guiapaladar:
substitui MAÎTRE D'HOTEL.

Inventina:
nome genérico de polibebidas refrescantes e levemente embriagantes que servem para encontrar fulminantemente uma ideia nova.

Lista ou Listadepratos:
substitui MENU.

Mexedor:
substitui BARMAN.

Mistura:
substitui MÉLANGE.

Paznacama:
polibebida sonífera.

Pasticho:
substitui FLAN.

Paraselevantar:
substitui DESSERT.

Polibebida:
substitui COCKTAIL.

F.T. Marinetti e Fillìa

Pasta:
substitui PURÉE.

Almoçoaosol:
substitui Picnic.

Cedonacama:
polibebida aquecedora invernal.

Aquisebebe:
substitui BAR.

Sala de chá:
substitui TEA-ROOM.

Esganador:
personagem futurista que tem por tarefa alegrar os banquetes oficiais.

Entreosdois:
substitui SANDWICH.

Sopa de peixe:
substitui BOUILLABAISSE.

Conclusão

O objetivo deste trabalho foi proporcionar ao leitor de língua portuguesa e aos estudiosos do futurismo o acesso a uma obra importante do movimento, embora praticamente desconhecida e ainda não publicada no Brasil: A *Cozinha Futurista*, de Filippo Tommaso Marinetti e Luigi Colombo "Fillìa".

Os representantes do futurismo procuraram se manifestar com relação a diversas esferas da arte e cultura, passando da Literatura à Pintura, Escultura, Arquitetura, Teatro, Cinema e, agora, também à Gastronomia. Todos os sentidos foram privilegiados pelos manifestos: visão, audição, tato, olfato e paladar, além de outros doze polemicamente instituídos por Marinetti no manifesto de 1921, propiciando assim um contato maior com o mundo modernizado que se lhes apresentava.

O futurismo, primeiro grande movimento literário do século XX na Itália, oferecia novos modos de expressão para representar a nova sociedade que se formava a partir do final do século XIX. Esta trazia, no início, a euforia dos homens pelas multidões, pelas máquinas, pelas indústrias, pelos avanços científicos e pelos meios de comunicação e, mais tarde, o homem moderno alienado pela cultura de massas.

A trajetória do futurismo segue a história. O otimismo, a euforia e o impacto iniciais foram perdendo força à medida que deixaram de ser novidades; aproximam-se da política para garantir a subsistência do movimento enquanto se afastam da vanguarda literária. O *Manifesto da cozinha futurista* aparece como grito desafiador de um movimento que não atingia mais os seus objetivos. Propuseram modificar o hábito mais arraigado da tradição italiana – o macarrão – para despertar interesse, ou fúria, na população.

A *Cozinha Futurista* é um livro intrigante. Além de conter o polêmico manifesto, traz inúmeras opiniões, de pessoas inusitadas, para sustentar a tese de que "macarrão não faz bem aos italianos". Os artigos de jornais fazem transparecer o "passadismo" dos estômagos, que muitas vezes refutam os pratos inovadores. Os argumentos econômicos de Marinetti soam bastante convincentes: modificar os hábitos alimentares, além de revigorar a raça, ajudaria a fortalecer a economia.

Certas descrições, aparentemente incompreensíveis, revelam aos poucos a intolerância de Marinetti para com os hábitos tradicionais. O receitário futurista, com receitas assustadoras, faz imaginar se alguém já teria preparado, ou pior, ingerido certas iguarias. A forma dos pratos, se não excita o apetite, certamente mantém o bom humor à mesa.

Para evidenciar o futurismo proposto, nada melhor que uma linguagem adequada. Algumas das regras contidas no *Manual de Redação e Estilo Futurista*, a saber os manifestos do *Futurismo* e *Técnico da Literatura Futurista*, são postas em prática pelo autor. O resultado é a estranheza de algumas construções sintáticas e a inovação do vocabulário. A cozinha italiana nunca mais seria a mesma.

A expressão da gastronomia na literatura não é novidade: desde as antigas civilizações, com fartura em grandes banquetes, passando para a Idade Média esfomeada, permeando o Renascimento e toda a literatura

A cozinha futurista

subsequente, os livros trazem com bastante frequência o prazer da mesa para suas páginas.

Os escritores brasileiros que revolucionaram as artes no início do século chamaram-se no início de futuristas, nome que rejeitaram pouco tempo depois, por não refletir o exato perfil de seus participantes. Não queriam ser discípulos do movimento europeu, desejavam fundar um movimento nacional, independente, que atendesse aos anseios de um país – ex-colônia de Portugal por mais de três séculos e que continuou importando cultura por ainda mais cem anos.

O futurismo italiano e o modernismo brasileiro foram aproximados neste trabalho a partir do viés culinário-antropofágico. Buscou-se nos três autores trabalhados – Marinetti, Oswald de Andrade e Mário de Andrade – as referências à culinária em si e ao canibalismo real, metafórico e intelectual.

Boas surpresas foram colhidas ao longo do processo, desde a declaração de Mário de Andrade: "Gosto porém muito de arte culinária, invento pratos e creio mesmo que, se tivesse nascido noutra classe, seria algum cozinheiro famoso."[1], aos convites-cardápio de Oswald, e até a um canibalismo inesperado em Marinetti.

O "encontro" dos três autores propiciou o questionamento sobre as possíveis interferências da obra de um na obra do(s) outro(s). Estas interferências – que poderiam ser chamadas de influência ou contribuição – situam-se apenas no campo da suposição, mas permitem que aproximemos e comparemos afinidades, temas e formas de composição literária.

As coincidências culinárias – ingestão de carne humana, metafórica ou não – revelam uma preocupação comum, embora a digestão da carne humana tenha, para cada um, significados, simbologias e objetivos diferenciados.

O pastiche, a colcha de retalhos, parece ser a forma de composição comum aos três autores nas obras aqui estudadas. Colecionando

---

1 Andrade, Mario de. *O banquete...* Op. cit. p. 22.

fotos e bilhetes, colando-os num diário, como fez Oswald. Colecionando histórias de índios e organizando-as num herói nacional, como cantou Mário. Colecionando recortes de jornal e receitas de amigos, reproduzindo-os num grande livro, como Marinetti.

A partir da leitura das obras literárias de Marinetti, pudemos observar que o escritor é muitas vezes esquecido, sendo praticamente reduzido aos seus manifestos. A obra literária de Marinetti é vasta e interessante, embora os títulos sejam pouco conhecidos ou lidos. Há uma espécie de preconceito com relação ao escritor, talvez pela ideia corrente de que teria servido ao regime fascista de Mussolini. Talvez Marinetti tenha somente se servido do regime. De qualquer forma, um autor que analisou e criticou sua nação, estudioso de vários campos das artes, participando da construção de uma nova sociedade para o novo século, merece mais atenção por parte dos pesquisadores.

Infelizmente este trabalho não pode ir além da *Cozinha*. Talvez em outro trabalho possamos verificar a invasão futurista nos outros cômodos da casa, ou talvez outros se aventurem pela obra marinettiana, a verificar todos os incômodos que este suscitou. Esperamos que este livro "cozinhário" possa contribuir com os estudos feitos tanto na área gastronômica quanto na literária, e que desperte em outros estudiosos o interesse por esta figura tão contraditória e interessante do futurismo italiano.

Referências Bibliográficas

Bibliografia Filippo Tommaso Marinetti

Il tamburo di fuoco. Milano: Sonzogno, 19–.
L'alcova d'acciaio. Milano: Monddori, 1927.
La grande Milano tradizionale e futurista. Milano: Mondadori, 1969.
Le futurisme. Lausanne: L'Âge d'Homme, 1980.
Les mots en libertés futuristes. Lausanne: L'Âge d'Homme, 1987.
Mafarka, le futuriste. Paris: C. Bourgois, 1984.
Novelle colle labbra tinte: simultaneità e programmi di vita con varianti a scelta. Milano: Mondadori, 1930.
Re Baldoria: tragedia satirica in quattro atti, in prosa. Milano: Fratelli Treves, 1920.
Spagna veloce e toro futurista. Milano: Giuseppe Morreale, 1931.
Teoria e invenzione futurista; prefazione di Aldo Palazzeschi; introduzione, testo e note a cura di Luciano De Maria. Milano: A. Mondadori, 1968.
Una sensibilità italiana nata in Egitto. Milano: Mondadori, 1969.
com FILLÌA, Luigi Colombo. La cucina futurista. 3ª. Ed. Milano: Cristhian Marinotti Edizioni, 1998.
com ROBERT, Signora Enif. Un ventre di donna: romanzo chirurgico. Milano: Facchi, 1919.

Bibliografia sobre Futurismo

BERNARDINI, Aurora Fornoni. Poesia e poéticas do Futurismo: russo e italiano. São Paulo: 1972. Tese de Doutorado.

_____. O Futurismo italiano. São Paulo: Perspectiva: 1980.

BINNI, Walter. La poetica del decadentismo. Firenze: Sansoni, 1961.

CRISPOLTI, Enrico. Il mito della Macchina e altri temi del Futurismo. Trapani: Celebes, 1971.

_____. Storia e critica del Futurismo. Roma/Bari: Laterza, 1986.

DE MARIA, Luciano. La nascita dell'avanguardia: saggi sul futurismo italiano. Venezia: Marsilio, 1986.

_____. Per conoscere Marinetti e il Futurismo. Milano: Mondadori, 1973.

_____. Marinetti e i Futuristi. Milano: Garzanti, 1994.

FABRIS, Annateresa. Futurismo: uma poética da modernidade. São Paulo: Perspectiva/ EDUSP, 1987

_____. O futurismo paulista: hipóteses para o estudo da chegada da vanguarda ao Brasil. São Paulo: Perspectiva/ EDUSP, 1994

_____. Modernidade e Modernismo no Brasil. Campinas: Mercado de Letras, 1994.

FERREIRA, José Mendes (org.). Antologia do futurismo italiano: manifestos e poemas. Lisboa: Editorial Verga, 1979.

GRISI, Francesco. I futuristi : I manifesti, la poesia, le parole in libertà, i disegni e le fotografie di un movimento "rivoluzionario", che fu l'unica avanguardia italiana della cultura europea. Roma: Newton, 1994.

LUCINI, Gian Pietro. Marinetti, futurismo, futuristi: saggi e interventi / Gian Pietro Lucini; a cura di Mario Artioli ; lettere inedite di Gian Pietro Lucini ad Aldo Palazzeschi. Bologna: M. Boni, 1975.

PAPINI, Giovanni. L'esperienza futurista. Firenze: Vallecchi, 1927.

PERLOFF, Marjorie. O momento futurista: avant garde, avant guerre, e a linguagem da ruptura (tradução Sebastião Uchoa Leite). São Paulo: EDUSP, 1993

Bibliografia específica de Oswald de Andrade

Do Pau-Brasil à Antropofagia e às Utopias; manifestos, teses de concursos e ensaios. Introdução de Benedito Nunes. 2.ed. Rio de Janeiro: Civilização Brasileira, 1978.
A morta. São Paulo: Globo, 1991.
Memórias sentimentas de João Miramar. Prefácio de Haroldo de Campos. 5.ed. São Paulo: Globo, 1994.
Mon coeur Balance/ Leur Âme. São Paulo: Globo, 1991.
Pau-Brasil; fixação de textos e notas de Haroldo de Campos. 2a. ed. São Paulo: Secretaria de Estado da Cultura de São Paulo/ Editora Globo, 1990.
O perfeito cozinheiro das almas deste mundo/ O perfeito cozinheiro das almas deste mundo, por Mário da Silva Brito; Réquiem para Miss Cíclone, musa dialógica da pré-história textual oswaldiana, por Haroldo de Campos. São Paulo, Editora Globo, 1992.
Primeiro caderno do aluno de poesia Oswald de Andrade / prefácio de Raúl Antelo. 2a.ed. São Paulo: Secretaria de Estado da Cultura de São Paulo, Editora Globo, 1991.
Serafim Ponte Grande/ Ensaios de Antonio Candido, Haroldo de campos e Mário da Silva Brito. São Paulo: Global Editora, 1984.
A utopia antropofágica/ A antropofagia ao alcance de todos por Benedito Nunes. São Paulo: Editora Globo: 1990.

Bibliografia específica de Mário de Andrade

Amar, verbo intransitivo. 12a.ed. Belo Horizonte: Itatiaia, 1986.
Aspectos da Literatura Brasileira. 5a.ed. São Paulo, Livraria Martins Editora, 1974.
O banquete. 2a.ed. São Paulo: Duas Cidades, 1989.
Cartas a Anita Malfatti [1921-1939]. Rio de Janeiro: Forense Universitária, 1987.
Cartas a Prudente de Moraes, Neto. Rio de Janeiro: Nova Fronteira, 1985.
Contos novos. 13.ed. Belo Horizonte: Villa Rica, 1990.
Macunaíma: o herói sem nenhum caráter. 11a. ed. São Paulo: Livraria Martins Editora, 1975.
Poesias completas. 3.ed. São Paulo, Martins/MEC, 1972.

COLEÇÃO ESTUDOS ITALIANOS
Série Teses e Dissertações

Coordenação: Maurício Santana Dias

Conselho editorial:
Adriana Iozzi Klein
Andrea Lombardi
Andréia Guerini
Angela Zucchi
Aurora Fornoni Bernardini
Cecilia Casini
Doris Nátia Cavallari
Elisabetta Sanroro
Ettore Finazzi-Agrò
Federico Croci
Flora de Paoli Faria
Francesco Guardiani
Giliola Maggio de Castro
Letizia Zini Antunes
Loredana Caprara
Lúcia Sgobaro Zanette
Lucia Strappini
Lucia Wataghin
Marco Lucchesi
Maria Betania Amoroso
Mariarosaría Fabris
Mauro Porru
Olga Alejandra Mordente
Paola Giustina Baccin
Patrícia Peterle
Pedro Garcez Ghirardi
Rita Marnoto
Roberta Barni
Silvia La Regina
Tommaso Raso
Vera Lúcia de Oliveira
Vilma de Katinsky Barreto de Souza

Comissão editorial:
Francisco Degani
Lucia Wataghin
Maurício Santana Dias
Osvaldo Ceschin

ESTE LIVRO FOI IMPRESSO PELA PROL GRÁFICA
NA PRIMAVERA DE 2009